COCINA VASCA

Ana-María Calera

COCINA VASCA

EDITORIAL EVEREST, S. A.

MADRID • LEON • BARCELONA • SEVILLA • GRANADA • VALENCIA
ZARAGOZA • BILBAO • LAS PALMAS DE GRAN CANARIA • LA CORUÑA
PALMA DE MALLORCA • ALICANTE — MEXICO • BUENOS AIRES

Fotos portada: ORONOZ

SÉPTIMA EDICIÓN

© Ana María Calera
EDITORIAL EVEREST, S. A.
Carretera León-La Coruña, km 5 - LEÓN
ISBN: 84-241-2210-0
Depósito legal: LE. 21-1992
Printed in Spain - Impreso en España

EDITORIAL EVERGRÁFICAS, S. A.
Carretera León-La Coruña, km 5
LEÓN (España)

INDICE

INTRODUCCIÓN O PRÓLOGO

Tratar sobre Cocina Vasca es siempre algo tentador para cualquier autor, puesto que sabe, ya de antemano, que su labor va a tener no sólo el favor del público en general, sino la aprobación de todos los «gourmets» que existen en el país, y fuera del país, y esto porque la culinaria del País Vasco es una de las mejores del mundo.

No en balde personajes como Marañón, Dionisio Pérez, Antonio Zozaya, Kurnonsky, Busca Isusi... se pronunciaron en elogios sobre la Cocina Vasca, elogios que han llegado a cantar en libros y publicaciones que tratan sobre temas gastronómicos pertenecientes al País Vasco.

Rica tierra, fértil y abundante, se une a un mar bravío y lleno de furia, del que extrae un tesoro inapreciable, y así la merluza: «lebatza», «legatza», «legatzume», o «leba», nombres con que se conoce a este pescado en vasco, y que corresponden a distintos tamaños de merluza, se convierte en un plato delicioso que los vascos condimentan desde frita en abundante aceite (dorada por fuera y blanca por dentro), hasta la famosa «en salsa verde», que tiene en su haber tantas variantes, pasando por la merluza asada (exquisito manjar que aconsejamos a todos); la merluza a la sidra y la merluza a la bearnesa, no olvidándonos de las cocochas (kokotxas) esas barbillas o filetes blandos que se sacan de la cabeza de la merluza y que son muy pocos los cocineros, o cocineras, que saben poner en su punto y que, sin embargo, en el recetario vasco, tan pródigo en platos de pescado, encontramos con una fórmula digna de probarla, por lo exquisita.

Si nos extendemos a otros pescados no podemos dejar al olvido el famoso marmitako, guiso a base de patatas y bonito muy extendido entre los pescadores, que preparan ellos mismos en sus barcas de pesca. Esta preparación, que viene a ser una especie de potaje, ya que se come con caldo, es objeto en el País Vasco de competiciones gastronómicas y son los hombres, pescadores en su mayoría, los que siempre se llevan el premio.

El marmitako, decía uno de estos campeones, para estar en su punto, debe tener:

1.º   *Las patatas cocidas y tiernas pero enteras.*
2.º   *La grasa bien distribuida y que no nade por la superficie.*
3.º   *El bonito jugoso y blando y de color blanco marfil.*
4.º   *El sabor fuerte y picante, nunca soso, y...*
5.º   *La salsa caldosa y gustosa, no espesa.*

Y de ese tema nos vamos al de las angulas. Sí, que aquí debemos reconocer que los vascos, valientes y temerarios, han hecho un prodigio de alarde al convertir a esos bichitos algo repugnantes en un manjar de dioses.

Dice la historia que es el único pueblo europeo que las consume. Las angulas existen en todas las costas de Europa, pero sólo los vascos las han apreciado, y enseñado a comer.

La forma sencilla de preparación de las angulas, que siempre se sirven en cazuela de barro, es muy simple y sencilla, y en ella entran, tanto la mano del cocinero o cocinera, como la excelente calidad de las materias primas: angulas, aceite, ajos, guindilla.

Preparación cumbre es la de los calamares en su tinta, chipirones o jibiones en el País Vasco, «chipilonak» en vasco que, nadando en su salsa negra, ofrecen una deliciosa tentación a todos los que deseen gustar de sus delicias.

Para seguir los cánones establecidos, el chipirón debe ser pescado con anzuelo y no con red, así su tinta se conserva intacta, y la salsa queda de ese negro absoluto que es su característica especial.

Como en otras preparaciones vascas, los chipirones se comen siempre en cazuela de barro, cazuela en la que se guisaron.

Otra faceta que mrece tenerse en cuenta en la Cocina Vasca, es el bacalao, uno de los mejores aciertos de los vascos, que convierten a esa tabla seca y salada en uno de los más sabrosos platos de su cocina foránea. El bacalao, siempre de excelente calidad, puede hacerse de múltiples maneras, desde las tiras de bacalao con pimientos, pasando por bacalao zurrucutuna; bacalao en salsa verde; bacalao a la bilbaína; bacalao al pil-pil, y el famoso y tan discutido bacalao a la vizcaína, que tan mal preparan en muchos sitios, adulterando con la adición del tomate el genuino sabor de una de las mejores salsas de la Cocina Vasca: la salsa a la vizcaína, que no lleva más que pimientos secos y cebollas, pero jamás tomate.

Pero en este divagar no podemos ceñirnos sólo al pescado y al bacalao; la Cocina Vasca tiene carnes excelentes, verduras de sabor inigualable; tal ocurre con las habas de Vitoria; los pimientos, cuya aparición culinaria data más o menos de unos

400 años, y que se hacen de muy diferentes formas: rellenos, asados en ensalada, a tiras después de asados, con chuletas de cordero o ternera, en piparrada, con patas de cerdo, con carne...; en fin, sería inagotable su enumeración.

En la elección de la clase de pimientos hay mucho de ciencia en la Cocina Vasca; éste puede ser picante, dulce, verde, rojo, seco (ñora). Se comen frescos, desecados o molidos y siempre con un buen vaso de chacolí o de sidra.

La menestra de Navarra es un plato que requiere mucha maña en su preparación y en la elección de la materia prima, pero que recompensa, con creces, a la hora de comerla por su sabor exquisito.

Las setas, con sus múltiples nombres populares, son imprescindibles en muchas de las recetas vascas.

No olvidaremos tampoco los nabos de Navárniz; las verduras que se crían en Guernica y Berlitz.

Las carnes son excelentes, sobre todo la del cordero lechal o mamón, o las de sus pollos, criados en kasherío con maíz y sin piensos compuestos.

El famoso Villagodio da nombre, él sólo, a la Cocina Vasca.

Y en postres, para llegar así al final, ofrece la Cocina Vasca toda una serie rica y sabrosa: Tostadas de crema; Peras al vino; Mamiya; Talos de Vitoria; Tartaletas bilbaínas; Bizcochos rellenos de Vergara; Pastel vasco, etc...

Todo esto que hemos visto, y mucho más, encontrará el lector en este recetario, escogido entre lo mejor de la Cocina Vasca, y que hemos redactado ajustándonos siempre a lo más típico de esta singular cocina, teniendo en cuenta además un cálculo exacto de cantidades para así facilitar al lector amante de la cocina a tratar, por su mano, de hacer cualquiera de nuestras recetas que han sido comprobadas y verificadas una por una.

ANA-MARÍA CALERA
Primera Dama Gourmet
del Club de la Buena Mesa

Capítulo I

SALSAS

1. Salsa a la vizcaína

Ingredientes para 3 personas:

10 ñoras (pimientos secos)
1 taza de las de desayuno llena
de caldo de carne o en su defecto
de agua
2 cebollas medianas
1 cucharada sopera llena de
harina
Sal
4 cucharadas soperas llenas de
aceite.

En primer lugar procederemos a poner a remojo las ñoras en un poco de agua caliente; este remojo durará unas 2 horas.

Aparte, en una sartén sobre el fuego, en la que echaremos el aceite, freiremos las cebollas, peladas y muy picadas, añadiéndole, así que tome color, la harina. Daremos unas vueltas con el tenedor de madera para que cebolla y harina se unan perfectamente. Sacaremos las ñoras o pimientos secos de su remojo, los estrujaremos con las manos y quitaremos las pepitas que tienen en su interior, agregándoles a la salsa. Todo debe hervir lentamente, para lo cual echaremos en la sartén el caldo o el agua, así como la sal.

Pasar la salsa por un colador fino, así que esté hecha, y utilizarla de inmediato.

2. Salsa a la bilbaína

Ingredientes para 3 personas:

1 cebolla grande
1 diente de ajo
ramas de perejil fresco
¼ de litro de caldo de pescado ya
preparado anteriormente
300 grs. de tomates rojos y
maduros
12 almendras tostadas
Sal
4 cucharadas soperas llenas
de aceite.

Picaremos muy finamente la cebolla, ya pelada, y el diente de ajo; a continuación pondremos el aceite en una sartén y arrimaremos ésta al fuego echando en ella la cebolla y el ajo; así que empiece a tomar color dorado (o sea, que se tueste un poco sin llegar a quemarse), añadiremos los tomates pelados y reducidos a puré con el tenedor.

Mientras se hace el tomate prepararemos las almendras, desprovistas de su piel, en un mortero, con las ramitas de perejil, procediendo a mojarlo todo junto muy bien, y echándolo sobre lo que está haciéndose en la sartén.

Añadiremos el caldo de pescado, sazonaremos todo con sal, convenientemente, y lo dejaremos reducir unos 10 minutos a fuego muy lento.

Utilizaremos esta salsa pasándola por un colador chino y siempre muy caliente.

3. Salsa bearnesa (cocina vasco-francesa)

Ingredientes para 4 personas:

*1 cucharada sopera llena de
vinagre de muy buena calidad
3 yemas de huevo crudo
125 gramos de mantequilla (no
utilizar jamás margarina)
1 cucharada sopera llena de
perejil fresco picado
1 cucharilla de café llena de
estragón picado
2 escalonias o en su defecto 2
cebollas
1 vasito de vino lleno de vino
blanco seco
El zumo de ½ limón
1 ñora o pimiento seco
Un poco de pimentón encarnado
dulce
Sal.*

En un cazo pequeño, sobre el fuego, echaremos las escalonias (o las cebollas) peladas y picadas muy finamente. Añadiremos el estragón, el vino, el vinagre y un poco de sal, dejándolo sobre el fuego hasta que se reduzca a la mitad del líquido inicial; en este momento lo separaremos del fuego.

Reduciremos la ñora a polvo, en el mortero, y la echaremos a otro cazo, junto con las yemas de huevo y un pellizco de pimentón. Removeremos muy bien y uniremos en un solo recipiente las dos preparaciones. Este recipiente se pondrá en otro con agua, para así hacer la salsa al baño maría. El agua del baño maría debe hervir, pero no la salsa. Incorporaremos la mantequilla, en pequeñas porciones, y batiendo siempre mucho la salsa (se corta fácilmente).

Por último, añadiremos la cucharada llena de perejil y el zumo del medio limón.

Esta salsa, muy delicada, la conservaremos hasta su utilización en el mismo baño maría.

Existen muchas variantes de esta receta cuyo origen lo hallamos en la cocina vasco-francesa.

4. Salsa amarilla

Ingredientes para 4 personas:

*1 cebolla mediana
1 zanahoria mediana
2 puerros medianos
2 cucharadas soperas llenas de
aceite fino
1 pescadilla de un peso
aproximadamente a 250 gramos
partida por la mitad
2 cucharadas soperas llenas de*

Limpiaremos bien la pescadilla de raspas y la lavaremos al chorro del agua fría. Aparte, en un puchero o pote puesto al fuego con agua, echaremos la cebolla y la zanahoria, ambas peladas y cortadas a trozos menudos, la pescadilla, las ramitas de perejil, el aceite y el vinagre, así como un poco de sal.

Dejaremos hervir el puchero o pote poco a poco y, en cuanto el pescado esté cocido, retiraremos todo del caldo, procediendo a machacarlo en un mortero. Esta pasta la aligeraremos con una taza de caldo obtenido en su cocimien-

vinagre
Sal
2 yemas de huevo crudo
Agua
Unas ramas de perejil.

Ingredientes para 2 personas:

1 vaso de vino lleno de buen vino
tinto
25 gramos de mantequilla
1 cucharada sopera llena de
harina
1 cebolla mediana
Un trocito pequeño de tuétano de
vaca
Pimienta en polvo
Sal
Unas ramas de perejil.

Ingredientes para 4 personas:

2 cebolletas tiernas
1 cucharada sopera llena de salsa
de mostaza al estragón
3 tazas de desayuno llenas de
caldo de pescado
1 vaso de vino lleno de vinagre
1 vaso de vino lleno de vino
blanco seco
2 cucharadas soperas llenas de
harina
1 cucharilla de café llena de
azúcar
Una pizca de sal
2 cucharadas soperas llenas de
aceite.

to, procediendo seguidamente a colar todo por un chino.

Batiremos las dos yemas de huevo crudo y las incorporaremos a la salsa, batiendo ésta perfectamente, de forma que quede lisa y suave.

5. Salsa vinatera

Pondremos la mantequilla en un pote a que se deshaga lentamente sobre el fuego. Picaremos aparte la cebolla y la freiremos en la mantequilla. Así que tome color la cebolla, incorporaremos la harina, y cuando veamos está de un color dorado, añadiremos el vino y el trocito de tuétano de vaca, así como el perejil bien picado, una pizca de pimienta y otra pizca de sal. Removeremos bien con la cuchara y que hierva lentamente unos 15 minutos.

Esta salsa tiene un punto más bien espeso.

6. Salsa marinera

Haremos esta salsa en una cazuela pequeña, comenzando por echar en ella el aceite y poniendo allí las cebolletas finamente picadas; así que estén doradas (que no se quemen) incorporaremos la harina y cuando ésta tome color, echaremos el vino, el vinagre, el azúcar, la mostaza, un poco de sal y, por último, el caldo del pescado, dando vueltas continuamente, durante los 10 minutos de cocción que precisa la salsa, para que no se pegue al fondo de la cazuela.

Esta salsa debe colarse antes de su utilización.

7. Salsa gazte

Ingredientes para 3 personas:

10 hojas de acederas
250 gramos de espinacas
Aceite fino
1 cucharada sopera llena de salsa
de mostaza al estragón
2 cebolletas tiernas
2 yemas de huevo duro
2 cucharadas soperas llenas de
vinagre
Sal fina
Agua.

Limpiaremos las acederas y las espinacas procediendo a continuación a hervirlas en un poco de agua salada. Pelaremos y picaremos las cebolletas y las herviremos también con las acederas y las espinacas. Cuando veamos que todo está bien cocido lo escurriremos y machacaremos en el mortero, reduciéndolo a un puré espeso que pasaremos por el tamiz.

Aclararemos la salsa con dos cucharadas soperas del caldo de su cocimiento y añadiremos las dos yemas de huevo duro bien machacadas, la mostaza, el vinagre y aceite poco a poco, como si hiciésemos una mahonesa, batiendo lentamente para que se incorpore bien. Rectificaremos de sal.

Esta salsa, que quedará como una crema, se utiliza siempre fría.

8. Salsa de tomate

Ingredientes para 4 personas:

1 kilo de tomates frescos maduros
2 tazas de desayuno llenas de
caldo de carne o de pollo
1 vaso de vino lleno de vino
blanco seco
1 cebolla pequeña
1 cabeza de ajos
Unas ramas de perejil
½ hojita de laurel
Sal fina
Pimienta en polvo
2 cucharadas soperas llenas de
aceite.

Pelaremos los tomates bien, escaldándolos en agua caliente, bien asándolos sobre el fuego; una vez pelados los trituraremos con el tenedor.

En un pote echaremos el caldo y le añadiremos el tomate, el laurel, la cabeza de ajos bien pelada y con los dientes enteros, la cebolla trinchada fina, el perejil, un poco de sal y pimienta y el aceite, dejándolo cocer lentamente unos 15/20 minutos; pasado este tiempo colaremos la salsa antes de utilizarla.

9. Salsa de setas

Ingredientes para 3 personas:

6 setas frescas
2 dientes de ajo
1 cucharadita de café llena de
mantequilla
1 vaso de vino lleno de vino
blanco seco
Unas ramas de perejil
2 cucharadas soperas llenas de
aceite
Sal fina.

Lavaremos bien las setas hasta que no tengan rastro de tierra. Una vez que estén limpias, las trocearemos de forma que queden muy pequeñas.

Pondremos la mantequilla en un pote sobre el fuego, echaremos en él las setas, los ajos pelados y picados y el perejil, también picado. Lo rehogaremos e incorporaremos el vino blanco y un poco de sal.

La salsa hervirá lentamente unos 45 minutos; pasado ese tiempo, le echaremos el aceite y la trituraremos por la batidora eléctrica, o colaremos bien, para poder utilizarla en forma de salsa.

10. Salsa verde

Ingredientes para 2 personas:

1 cebolla mediana
1 yema de huevo duro
2 cucharadas soperas llenas de
perejil picado
1 vaso de vino lleno de vino
blanco seco
3 cucharadas soperas llenas de
aceite
Sal
Agua
½ cucharada sopera llena de
harina
1 diente de ajo.

En una sartén sobre el fuego echaremos el aceite y en él freiremos la cebolla pelada y picada; ya frita, pero sin dorarse, añadiremos la harina y rehogaremos todo muy bien.

Machacaremos en el mortero la yema de huevo junto con el diente de ajo y el perejil. Lo haremos con mucho cuidado al objeto de que quede bien unido. Lo desleiremos con el vino y lo incorporaremos a la salsa removiéndolo bien y echándole un poco de agua. Salaremos discretamente.

Hervirá unos 5/10 minutos y la serviremos a continuación. Esta salsa no debe colarse. Puede tomarse caliente o fría.

11. Salsa blanca

Ingredientes para 4 personas:

400 gramos de cebollas
100 gramos de nata fresca

Pelaremos bien las cebollas y las partiremos en cuatro o seis trozos cada una. En un puchero al fuego con agua, aceite y sal, herviremos las cebollas ya preparadas. Una

1 cucharada sopera llena de
harina
1 vaso de vino lleno de leche
Nuez moscada
Sal
Agua
2 cucharadas soperas llenas de
aceite.

vez hechas las escurriremos bien y las pasaremos por un prensa-purés a una cazuela de boca ancha, añadiremos la mantequilla, la nata, un poco de ralladura de nuez moscada y sal y removeremos bien, incorporando por último la harina desleída en la leche. Todo junto dará un ligero hervor cuidando mucho que no se pegue.

Serviremos la salsa blanca caliente.

12. Salsa al estilo del caserío

Ingredientes para 4 personas:

*250 gramos de carne de vaca
propia para el cocido
200 gramos de carne de ternera
3 cucharadas soperas llenas de
manteca de cerdo
3 cucharadas soperas llenas de
harina
1 cebolla mediana
1 zanahoria
unas ramas de perejil
½ hojita de laurel
2 granos de pimienta
Agua
Sal.*

Pondremos sobre el fuego un puchero con la manteca de cerdo, y así que esté caliente, añadiremos la cebolla pelada y picada, y las dos clases de carne, ambas cortadas a trozos pequeños. Cubriremos la carne con dos vasos de agua y la taparemos, bajando el fuego de forma que se haga muy lentamente, y cuidando que no se queme. Cuando observemos que el jugo tiene un color dorado oscuro, añadiremos de nuevo otros dos vasos de agua y también le echaremos la zanahoria pelada y picada, el perejil trinchado, los granos de pimienta, el laurel y un poco de sal, dejando hervir la salsa rápidamente por espacio de unos 5 minutos, pasados los cuales bajaremos el fuego y que se vaya cociendo la carne hasta que esté muy tierna.

Retiraremos la carne (que puede utilizarse para otra preparación) y colaremos la salsa por el chino.

Tostaremos la harina en una sartén sin grasa y la añadiremos a la salsa dejándola hervir tan sólo el tiempo justo para que se una bien la harina.

13. Salsa muselina

Ingredientes para 6 personas:

*250 gramos de nata fresca
½ litro de salsa mahonesa ya*

Se trata de una salsa fría que conseguiremos muy facilmente uniendo bien la natà (muy batida) a la salsa mahonesa y sazonándola con sal y pimienta. La trabajaremos con

preparada (puede ser de bote)
Sal fina
Pimienta en polvo.

un tenedor de madera (no utilizar nunca la batidora eléctrica) y la reservaremos en un lugar fresco del frigorífico hasta que tengamos que utilizarla.

14. Salsa de puerros

Ingredientes para 4 personas:

4 puerros gordos
½ litro de caldo de carne o de pollo ya preparado
Pimienta en polvo
Sal
2 cucharadas soperas llenas de harina
2 cucharadas soperas llenas de manteca de cerdo.

Pelaremos y picaremos bien los puerros, sólo su parte blanca. Los lavaremos al chorro del agua y, bien escurridos, los freiremos en una sartén que estará sobre el fuego y con la manteca de cerdo.

Que se hagan bien sin tomar mucho calor, añadiendo a continuación la harina, un poco de sal y otro poco de pimienta, y el caldo de carne o de pollo, que debe estar caliente.

Removeremos bien, de forma que se una la salsa y la reservaremos al calor hasta el momento de su utilización. Esta salsa no debe colarse.

15. Salsa de cebolla

Ingredientes para 3 personas:

2 cebollas gordas
2 cucharadas soperas llenas de manteca de cerdo
1 cucharadita de café llena de harina
Sal
Pimienta en polvo
1 vaso de agua lleno de vinagre
Agua
1 cucharada sopera llena de jugo de asado
2 tazas de desayuno llenas de caldo de carne.

Pelaremos y picaremos las cebollas dándoles a continuación un hervor en el vinagre, de forma que queden un poco cocidas, pero no del todo.

Pondremos una cacerola al fuego con la manteca y así que esté caliente echaremos la harina y la cebolla bien escurrida del vinagre. Removeremos y añadiremos un poco de sal y otro poco de pimienta en polvo, así como el jugo del asado y el caldo de carne, dejándolo cocer a fuego muy lento, hasta que la cebolla esté completamente deshecha.

Servir la salsa caliente.

Capítulo II

SOPAS, CALDOS, GARBURES Y COCIDOS

16. Sopa de Guipúzcoa

Ingredientes para 4 personas:

*200 gramos de alubias blancas
secas
2 cebollas medianas
3 dientes de ajo
1 berza mediana
3 cucharadas de manteca de cerdo
1 cucharadita de café llena de
vinagre
Pimienta blanca en polvo
Agua
Sal.*

Empezaremos por poner a remojo las alubias (excelentes las de Tolosa, en la provincia de Guipúzcoa) la noche anterior en abundante agua y sin sal.

Al día siguiente, y en una olla con tres litros de agua fría, las pondremos a hervir sobre fuego vivo; a los 15 minutos de cocción añadiremos la berza bien limpia y cortada de forma un poco grande. Bajaremos el fuego y que cuezan alubias y berza unas 2 ó 3 horas.

Prepararemos mientras las cebollas y los ajos pelándolos y picándolos bien y los freiremos en una sartén con la manteca de cerdo; una vez fritos los echaremos a la olla de las alubias, que deberá seguir cociendo poco a poco. A la sopa guipuzcoana, poco antes de servirla, le incorporaremos el vinagre, que es el sabor que le da su punto característico y único que no tienen otras sopas.

17. Sopa de congrio Amaya

Ingredientes para 4 personas:

*4 rodajas de congrio de la parte
del centro
6 cucharadas soperas llenas de
aceite
2 dientes de ajo
1 cebolla mediana
6 puerros
500 gramos de patatas
1 tomate maduro fresco
½ hoja de laurel
un poco de tomillo
unas ramas de perejil
2 gramos de pimienta
1 clavo
2 litros de agua*

En una cazuela grande y honda, sobre el fuego, echaremos el aceite y freiremos en él los dientes de ajo que, una vez fritos, los retiraremos y dejaremos en un mortero. Añadiremos a la cazuela la cebolla pelada y picada y los puerros cortados en tiras gruesas y cortas, rehogaremos con cuidado, incorporando las patatas peladas y cortadas a pedacitos mal hechos, el tomate pelado y reducido a puré, y un ramito compuesto por el laurel, tomillo y perejil y entre sus hojas el clavo y los granos de pimienta (este ramito retirarlo de la sopa antes de servirla a la mesa).

Añadiremos ahora el agua, un poco de sal, el arroz y el vaso de vino. Taparemos y dejaremos cocer lentamente unos 10 minutos, pasados los cuales echaremos a la sopa el congrio que estará, naturalmente, bien limpio de raspas y lavado perfectamente al chorro del agua fría.

50 gramos de arroz
1 vaso de agua lleno de vino
blanco seco
300 gramos de lapas
Pan.

Aparte, en un poco de agua, coceremos las lapas y echaremos los «bichitos» a la sopa, así como el caldillo de su cocimiento, junto con los ajos, que estarán perfectamente machacados en el mortero.

Esta sopa debe quedar muy cocida y normalmente se presenta la sopa por un lado con rebanaditas de pan tostado y el pescado con las patatas por otro, constituyendo así dos platos muy apetitosos que suelen presentarse, muchas veces, en la mesa de los hombres del mar.

18. Sopa de queso a la gascona (cocina vasco-francesa)

Ingredientes para 4 personas:
1 ½ litros de caldo de garbure [1].
1 pan de 500 gramos integral o pan moreno
80 gramos de queso rallado.

La confección de esta sopa es por demás sencilla.

Bastará con que cortemos rebanadas finas del pan (mejor que no sea del día) y las coloquemos en una cazuela honda de barro, cazuela que quepa en el horno de nuestra cocina. Pondremos una capa de pan y sobre él desparramaremos un poco de queso, después otra capa de pan y más queso; así daremos fin con el pan y de forma que lo último que echemos sea queso rallado.

Calentaremos el caldo de la garbure y lo añadiremos a la cazuela dando vueltas a todo de forma que se una perfectamente esto sobre fuego suave. Cuando lo veamos bien trabado meteremos al horno la cazuela y la dejaremos hasta que se forme una superficie bien tostada.

---

[1] Para hacer esta caldo consultar receta núm. 24 de éste mismo Capítulo.

19. Sopa de ajo al estilo de Alava

Ingredientes para 4 personas:
100 gramos de pan
2 pimientos secos (ñoras) o

Esta sopa se hace siempre en puchero de barro, en el que echaremos litro y medio de agua. A este puchero, puesto al fuego, añadiremos los pimientos cortados por

bien 2 pimientos verdes frescos
3 cucharadas soperas llenas de
aceite
Sal
Agua
1 papeleta de azafrán en rama
2 dientes de ajo
2 tomates maduros.

su mitad y sin pepitas, los dientes de ajo pelados, los tomates pelados y el azafrán, dejando que rompa el hervor e incorporando el pan cortado en forma de sopas muy finas, el aceite y la sal. Hervirá ahora la sopa hasta que el pan esté deshecho.

Servir en el mismo puchero de barro y muy caliente.

20. Sopa de pescado duñaiturria

Ingredientes para 4 personas:

150 gramos de rape en un trozo
4 patas de langosta
8 almejas
1 ½ litros de agua
4 dientes de ajo
1 cabeza de merluza
1 cebolla mediana
Pimienta en polvo
½ hoja de laurel
100 gramos de pan atrasado
Sal
3 tomates frescos
4 cucharadas soperas de aceite.

En un puchero echaremos el agua y colocaremos éste sobre el fuego.

Aparte, en una sartén, freiremos en el aceite los dientes de ajo y la cebolla pelada y trinchada; cuando tomen color incorporaremos la cabeza de la merluza y el trozo de rape, así como las patas de la langosta, las almejas y los tomates pelados y picados, añadiremos también sal, pimienta y el laurel; que todo se rehogue perfectamente y así que esté frito, lo echaremos al puchero del agua que ya estará caliente, dejándolo hervir unos 20 minutos.

Ya cocido, colaremos el caldo y en él herviremos el pan, cortado finamente. Picaremos la carne que pueda haber en la cabeza de merluza, en el rape y en las patas de la langosta y también lo echaremos a la sopa, que la serviremos caliente.

21. Sopa escaldada vasca

Ingredientes para 4 personas:

1 ½ litros de agua
1 cebolla mediana
3 dientes de ajo
Pan de sopa (generalmente se utiliza el llamado «pistola» en el País Vasco)

Dispondremos de una cazuela honda y en ella, puesta al fuego, echaremos el aceite, friendo en él la cebolla pelada y picada y los dientes de ajo majados bien en el mortero.

Así que ambos tomen un ligero color tostado, echaremos el agua (en vez de agua podemos utilizar un caldo de carne o bien del cocimiento de cualquier verdura que nos agrade), las hierbas aromáticas atadas (que tiraremos antes

Sal
Pimienta blanca en polvo
Hierbas aromáticas compuestas por
tomillo, laurel y perejil
2 huevos crudos
5 cucharadas soperas llenas de
aceite.

de servir la sopa) y dejaremos hervir todo junto unos 30 minutos.

Prepararemos los huevos, batiéndolos bien en un plato hondo. El pan lo cortaremos finamente, si es pan corriente mejor que lo tostemos un poco al horno. Ya preparado el pan lo echaremos en una sopera honda y cubriremos con el caldo colado. Por último, echaremos los huevos y revolveremos bien. Recordemos que el caldo, al echarlo, debe estar hirviendo.

22. Costrada Navarra

Ingredientes para 4 personas:

300 gramos de pan para sopa
4 huevos crudos
4 cebollas pequeñas
150 gramos de chorizo de
Pamplona
4 zanahorias pequeñas
1 ½ litros de caldo limpio [1].
Agua
5 cucharadas soperas de aceite.

Tostaremos el pan, cortado previamente a rodajas, en el horno. Freiremos el chorizo, partido a rodajas muy finas, en el aceite. Con las zanahorias y cebollas peladas y trinchadas, agua, sal y un chorro de aceite, haremos un puré espesito.

La preparación de la sopa (en una cazuela de barro) la haremos de la siguiente forma:

Una capa de pan tostado, otra capa de chorizo frito y otra capa de puré de zanahoria y cebollas. La última capa será de pan. Añadiremos, finalmente, caldo limpio caliente y un poco de grasa que nos habrá sobrado de freír el chorizo. Meteremos la sopa al horno con los huevos cascados encima, y estará hecha así que veamos que los huevos estén cuajados.

Servir en la misma cazuela.

---

[1] Para hacer el caldo limpio consultar receta núm. 23 de este mismo Capítulo.

23. Caldo limpio

Ingredientes para 4 personas:
(obtendremos 1 ½ litros de caldo).
2 litros y ¼ de agua

Prepararemos los garbanzos la víspera, poniéndolos a remojo, en agua caliente y un buen puñado de sal.

En un puchero hondo sobre el fuego echaremos el agua;

500 gramos de carne de vaca
propia para cocido o caldo
$\frac{1}{4}$ de gallina·
200 gramos de garbanzos
Sal
1 puerro gordo
$\frac{1}{2}$ zanahoria
1 cebolla mediana.

cuando empiece a hervir añadiremos la carne y la gallina.

Cuidaremos de ir purificando el caldo, lo cual se consigue quitando toda la espuma y lavando cada vez la espumadera en agua tibia. Después de bien clarificado el caldo, echaremos la sal y los garbanzos. Dos horas antes de comer incorporaremos el puerro, pelado y entero, y la zanahoria pelada, así como la cebolla pelada y cortada por la mitad. El puchero hervirá continuamente y no muy fuerte, para evitar que salga turbio el caldo, al cual es conveniente añadir un poco de agua caliente dos o tres veces, procurando sea la última vez una hora antes de su utilización.

El puchero debe hervir unas 3 horas.

Este caldo sirve para muchas aplicaciones, desde sopas a salsa, pasando por carnes guisadas o menestras de verduras.

24. Garbure bearnesa (pote bearnés) (cocina vasco-francesa)

Ingredientes para 4 personas:

250 gramos de tocino fresco
entreverado
250 gramos de ganso confitado en
manteca
3 nabos
3 patatas
125 gramos de alubias blancas
secas o frescas
$\frac{1}{2}$ berza
Unas ramas de perejil
Un poco de tomillo
1 $\frac{1}{2}$ litros de agua
Sal
Pan de sopa
Pimienta en polvo.

Si las alubias son secas deberemos tenerlas a remojo, desde la víspera, en agua fría y sin sal; al día siguiente las coceremos en agua fría. Si son alubias frescas sólo las coceremos sin poner a remojo.

En un puchero con el agua y puesto al fuego coceremos el ganso y el tocino, añadiendo la berza picada, a media cocción, y unos 15 minutos después, los nabos pelados y cortados, las patatas peladas y partidas a rodajas, el perejil y el tomillo. Uniremos a este puchero las alubias ya cocidas anteriormente con su caldo. Sazonaremos con sal y pimienta y dejaremos que siga la cocción. En total unas 3 horas más o menos.

Colaremos ahora el caldo retirando las verduras, tocino y ganso y poniendo esto en una cazuela de barro, alternando capas de verdura, ganso y tocino (todo cortado a trozos pequeños), con capas de rebanadas de pan; añadir unas cuantas cucharadas de su propio caldo de cocción y meter al horno hasta que tenga un bonito color tostado.

Serviremos el caldo en la sopera y aparte la cazuela.

25. Garbure con berza blanca

Ya remojadas las alubias desde la víspera, en agua fría y sin sal, al día siguiente empezaremos por poner un puchero con el agua y echaremos en él las alubias escurridas y las patas de cerdo, pero éstas bien limpias de la salmuera que las cubre. Añadiremos al puchero las hierbas aromáticas atadas en forma de ramito y el pimentón, dejando que cueza por espacio de 2 horas a fuego lento.

A mitad de esta cocción agregaremos la cebolla pelada y entera, las zanahorias peladas y enteras, el puerro pelado y las patatas peladas y enteras.

Prepararemos ahora la berza cortándola sólo a lo ancho y la echaremos también al puchero. Cuando falten sólo unos 45 minutos para que éste finalice su cocción, incorporaremos con la berza la manteca de cerdo. Salaremos en este momento toda la garbure.

Una vez todo tierno, puede durar las 2 horas que hemos dicho, o acaso algo más, se escurre el caldo y se echa a la sopera que estará con las sopas de pan. Así, serviremos primero la sopa y después todo el resto.

26. Potaje bearnés (cocina vasco-francesa)

En este potaje tenemos que contar con dos pucheros:

1.er puchero, en el que pondremos las alubias frescas (pochas), en 1 litro de agua caliente y con un poco de sal para que cuezan poco a poco.

2.º puchero, en él pondremos el tocino, la carne de cerdo salada y el resto del agua. Cuando esto esté a medio

2 nabos medianos
½ berza verde
100 gramos de alubias frescas sin
vaina (pochas)
150 gramos de vainas (alubias
verdes frescas)
Unas ramas de perejil
Un poco de tomillo
Sal
Pimienta en polvo
Pan de sopa
3 litros de agua.

hacer incorporaremos la berza muy picada, los nabos y las patatas, ambos pelados y troceados. Arreglaremos las vainas sin hilos y las partiremos a cuadros, echándolos también al puchero, así como el tomillo, perejil, una pizca de pimienta en polvo y la sal. Este puchero hervirá poco a poco hasta que veamos que está bien tierna la verdura.

Uniremos ambos pucheros y así que den un hervor ligero, de unos 10/15 minutos, procederemos a preparar una cazuela de barro honda en la que echaremos sopas de pan y todos los ingredientes del puchero más un poco del caldo.

Serviremos, por lo tanto, primero el resto del caldo y después la cazuela con todo lo preparado.

27. La primita (sopa-potaje)

En primer lugar prepararemos bien las verduras, limpiándolas de troncos y de hilos y troceándolas más bien pequeñas.

Una vez hervidas las coceremos en el agua, en un puchero puesto en el fuego, y con la carne, el hueso de cerdo y un puñado de sal.

Cocerán a fuego lento hasta que estén tiernas pero que conserven bastante líquido o caldo.

Serviremos la carne (partida) junto con las verduras y en primer término presentaremos una sopa confeccionada con el caldo; esta sopa puede ser de pasta o de arroz.

También existe quien sirve todo junto a modo de potaje espeso; en este caso se saca la carne, se corta a trozos y se vuelve al puchero.

Ingredientes para 4 personas:

250 gramos de carne de ternera
de la parte del pecho
1 kilo de espinacas frescas
Sal
8 hojas de acederas
1 hueso de cerdo rancio
600 gramos de acelgas
2 litros de agua.

28. Cocido guipuzcoano

Ingredientes para 6 personas:

300 gramos de alubias blancas
400 gramos de patatas

Las alubias estarán ya remojadas desde la víspera. En un puchero hondo, con el agua, coceremos las alubias partiendo de agua fría, a media cocción añadiremos las patatas

29

250 gramos de tocino (puede ser
fresco o salado)
1 berza grande
2 nabos medianos
2 zanahorias medianas
3 dientes de ajo
2 puerros gordos
1 cucharada sopera llena de
pimentón encarnado dulce
½ hojita de laurel
Un poco de tomillo
Sal
2 litros de agua
Pan del día anterior
1 cucharada sopera llena de
aceite.

Ingredientes para 4 personas:

500 gramos de garbanzos
1 cebolla grande
1 diente de ajo
Pan para sopa
400 gramos de espinacas
2 huevos duros
Sal
Aceite
2 litros de agua.

peladas y cortadas a rodajas, la berza, cortada a trozos, los nabos y las zanahorias igualmente peladas y cortadas a trozos, el tocino entero, los ajos pelados y majados en el mortero, el pimentón, los puerros pelados y cortados a trozos gordos, el laurel, unas ramas de tomillo, el aceite y la sal correspondiente.

El puchero, bien tapado, hervirá por espacio de unas tres horas. Ya todo cocido escurriremos el caldo y haremos con él una sopa, con el pan que habremos cortado finamente en rebanadas. El resto se sirve en una fuente honda todo junto.

29. Cocido vasco con garbanzos

Pondremos el agua en una olla o puchero, la arrimaremos al fuego; así que empiece a hervir echaremos en ella los garbanzos remojados desde la víspera en agua caliente con sal y añadiremos un poco de aceite.

Cocerá lentamente.

En una cazuela de barro calentaremos aceite y echaremos en ella la cebolla pelada y picada, los ajos, también pelados y picados y rebanadas de pan. Taparemos la cazuela y dejaremos que cueza un rato, removiendo de vez en cuando para que no se pegue y añadiendo un poco de agua del puchero de los garbanzos.

Mientras tanto limpiaremos y lavaremos las espinacas, quitándoles el rabo y picándolas un poco, las incorporaremos a los garbanzos y echaremos a la vez un poco de sal.

Cuando los garbanzos estén hechos quitaremos casi toda su agua, y pasaremos sobre ellos, con un poco de esa agua, la cebolla y el pan de la cazuela que nos habrán quedado como una papilla espesa, añadiremos los huevos duros picados y dejaremos que cueza unos 10 minutos más, todo junto, antes de servirlo en una fuente honda.

30. Cocido con chorizo de Pamplona

Ingredientes para 6 personas :

800 gramos de carne del cocido
400 gramos de garbanzos
150 gramos de chorizo de
Pamplona
2 morcillas
1 zanahoria
200 gramos de tocino
100 gramos de jamón con algo de
grasa
3 litros de agua
200 gramos de vainas (judías
verdes)
4 patatas
Sal
50 gramos de pasta de sopa
1 diente de ajo
4 cucharadas soperas llenas de
aceite.

Prepararemos dos pucheros, uno para cocer los garbanzos y otro para la verdura.

Los garbanzos, ya remojados la víspera en agua caliente con sal, se escurrirán y lavarán al grifo del agua. Los pondremos a cocer en agua caliente con sal (aproximadamente 2 litros de agua); a este puchero añadiremos la carne y dejaremos que se cueza por espacio de 1 hora, pasada la cual añadiremos el chorizo (en un trozo), las morcillas, el tocino, el jamón (en un trozo), y las zanahorias peladas y partidas en dos, dejándolo que siga cociendo lentamente.

En otro puchero, con el resto del agua, o un poco más si vemos que es poca, coceremos las vainas arregladas sin hilos y picadas junto con las zanahorias y un poco de sal.

Cuando ambos pucheros estén ya hechos, escurriremos los caldos y haremos la sopa.

Presentaremos la verdura en una fuente con el aceite y el diente de ajo frito, echado sobre ella y los garbanzos con tocino, carne, jamón, chorizo, etc., por otro.

31. Cocido Euskalduna

Ingredientes para 8 personas :
.
400 gramos de garbanzos
600 gramos de carne del cocido
200 gramos de jamón con algo de
tocino en un solo trozo
¼ de gallina
500 gramos de alubias rojas
1 hueso de jamón seco
200 gramos de tocino
½ cebolla
4 cucharadas soperas

El cocido, en la región vasca, es muy diferente que el clásico cocido de Castilla, aunque existen variantes que ya hemos visto; el clásico cocido está compuesto por tres pucheros distintos, veamos:

1.er puchero, en el que coceremos (con 1 1/2 litros de agua) los garbanzos remojados desde la víspera en agua caliente con sal, y a los que añadiremos la carne de gallina, y el jamón. Este puchero irá haciéndose mientras preparamos los otros.

2.º puchero, en el que dispondremos las alubias rojas (con 1 1/2 litros de agua), remojadas desde la noche anterior

llenas de aceite
1 berza gorda
200 gramos de chorizo del cocido
de buena calidad
4 ½ litros de agua
Sal
Pan o pasta de la sopa (100 a
200 gramos)
4 tomates rojos frescos
6 pimientos frescos o de lata
2 cucharadas soperas llenas de
manteca de cerdo.

en agua fría y sin sal, y al que incorporaremos el hueso, el tocino, la media cebolla y el aceite. Existe también la costumbre de echar la cebolla y el aceite pasándolas antes por la sartén, o sea, friéndolas un poco; puede hacerse de las dos maneras. Las alubias cocerán poco a poco para que el caldo se espese y ellas queden muy hechas.

3.er puchero (con 1 1/2 litros de agua), en éste coceremos la berza picada junto con el chorizo en un solo trozo.

Salaremos los tres pucheros al final casi de la cocción.

Una vez cocidos, escurriremos el contenido de los tres pucheros. El caldo de los garbanzos lo mezclaremos con el de la berza en proporción de mitad y mitad y a esta mezcla le agregaremos una pequeña parte del caldo de las alubias; con todo este caldo prepararemos la sopa, que puede ser de pan o de pasta y que constituirá el primer plato de la comida.

Después de la sopa serviremos, en fuentes diferentes, los garbanzos, la berza y las alubias, que deben comerse al mismo tiempo, mezclando cada comensal en su plato las proporciones que desee de cada cosa.

Las carnes empleadas en este cocido las serviremos al final, cortadas en trozos y mezcladas con una fritada que habremos hecho con los tomates y pimientos y la manteca de cerdo.

32. Cocido de berza

Ingredientes para 4 personas:

1 berza gorda
2 chorizos de la matanza
500 gramos de habas frescas sin
calzón
1 kilo de arvejillas (guisantes)
150 gramos de tocino entreverado

Prepararemos un puchero con el agua y echaremos en él los chorizos y el tocino poniéndolo a hervir; cuando estén a medio hacer, incorporaremos la berza bien picada y los nabos pelados y troceados, echaremos sal y que continúe su cocción. Unos 45 minutos antes de terminar dicha cocción incorporaremos las arvejillas y las habas, así como las patatas peladas y troceadas.

y que esté salado
3 patatas medianas
2 nabos medianos
Pan para sopa
2 ½ litros de agua
Sal.

Ingredientes para 6 personas:

150 gramos de chorizo
150 gramos de jamón
3 pistolas (pan especial para sopas)
6 lechugas
1 taza de desayuno llena de arvejillas (guisantes) desgranadas
5 patatas grandes
6 puerros gordos
1 cebolla grande
3 zanahorias
1 coliflor regular
250 gramos de vainas (judías verdes)
1 puñado de espinacas
2 tomates
2 litros de caldo de carne
20 gramos de manteca de cerdo
Sal
Pimienta en polvo.

Ingredientes para 4 personas:

½ kilo de alubias rojas
200 gramos de tocino fresco
1 hueso de jamón
4 cucharadas soperas llenas de aceite
Sal

Una vez todo listo, escurriremos el caldo, haremos una sopa de pan con él y serviremos el resto en una fuente.

33. Potaje al estilo de Navarra

Picaremos muy menudo las zanahorias, los puerros, las patatas después de pelarlas, las lechugas y las espinacas tal cual están. Mondaremos los tomates quitándoles las pepitas y cortaremos el jamón a rebanaditas; los chorizos los partiremos asimismo en rodajas finas y el jamón en pedacitos cuadrados. De la coliflor separaremos los troncos de la flor.

En un puchero (capaz de contener todos los ingredientes), calentaremos la manteca, echando la cebolla bien picada hasta dorarla, incorporaremos entonces el jamón y el chorizo, rehogándolo un poco.

Luego echaremos el pan, dejando que se fría y más tarde todas las verduras, menos la coliflor, que se añadirá casi al final, porque se cuece pronto. Bien rehogado todo, verteremos encima el caldo, y cuando rompa el hervor bajaremos la intensidad del fuego, un poco, para que siga cociendo lentamente hasta que todo esté tierno. La coliflor la agregaremos un poco antes de terminar la cocción.

34. Alubias rojas

Pondremos las alubias a remojo durante la noche, en agua fría y sin sal, en caso de no ser muy tiernas. Al día siguiente las pasaremos a un puchero de barro con agua fría que pondremos sobre el fuego, cuando comience el hervor añadiremos el tocino partido en trozos y frito formando torreznos y el hueso de jamón. En la grasa que dejó el tocino freiremos la cebolla picada, los ajos, el pimen-

2 dientes de ajo
½ cebolla
1 cucharada sopera lléna de
pimentón encarnado dulce o
picante
2 litros de agua.

tón, echaremos este sofrito sobre las alubias, y que cuezan a fuego lento. Si vemos que quedan secas, incorporaremos agua fría en pequeñas cantidades.

Las retiraremos del fuego una vez cocidas y, si es preciso, rectificaremos de sal.

Una variante consiste en suprimir el tocino, poniendo aceite, y en vez del hueso del jamón añadir unos trozos pequeños de bacalao crudo bien pasado por agua para quitarle la sal pero sin remojar, o también unos huevos cocidos.

35. Pochas

Ingredientes para 4 personas :

500 gramos de alubias pochas de
color
½ cebolla mediana
2 cucharadas soperas llenas de
aceite
1 cucharada sopera llena de
pimentón encarnado dulce
2 litros de agua
Sal
Unas ramas de perejil.

Las alubias pochas son las alubias normales cuando empiezan a granar en la vaina y antes de sacarlas de ésta para que se sequen, convirtiéndose en una legumbre seca. Reciben este nombre en toda la región vasca y también en la Rioja.

Las pondremos a cocer sin remojo, pues son muy tiernas, en un puchero, mejor de barro, junto con la cebolla y los ajos, ambos pelados y picados, y el perejil entero, añadiéndole el aceite y el pimentón, éstos en crudo o bien fritos en la sartén. Coceremos estas alubias lentamente con sal y deben quedar tiernas y su caldo más bien espeso.

Esta receta puede enriquecerse con chorizo, jamón o tocino y también hay quien les echa patatas.

Servirlas con su caldo.

Capítulo III

VERDURAS, ENSALADAS Y PATATAS

36. Habas de Vitoria

Ingredientes para 4 personas:

4 kilos de habas con calzón
250 gramos de jamón que no
tenga tocino
250 gramos de tocino fresco
200 gramos de chorizo
2 litros de agua
Sal.

Las habas las escogeremos de la mejor calidad y las primeras de la primavera para que sean bien tiernas.

Las pelaremos y prepararemos un puchero de barro con el agua. A este puchero, puesto al fuego, le echaremos el jamón y tocino cortados ambos a trozos gordos y poco después las habas y un puñado de sal. Dejaremos hervir las habas unas 2 horas más o menos y cuando falten 30 minutos para finalizar estas 2 horas indicadas añadiremos el chorizo, cortado en dos trozos.

Durante la cocción, las habas deben estar siempre cubiertas de agua.

Serviremos las habas más bien secas (si sobra caldo, éste podremos utilizarlo para una sopa) y con el jamón, tocino y chorizo sobre ellas.

37. Habas a la vizcaína

Ingredientes para 4 personas:

4 kilos de habas frescas con vaina
4 cucharadas soperas llenas de
aceite
150 gramos de jamón sin tocino
50 gramos de tocino de jamón
8 cebolletas nuevas
4 ñoras (pimientos secos)
1 cucharada sopera llena de
harina, azúcar
Sal
Unas hojas de perejil
Un poco de tomillo
Pimienta negra en polvo
4 trozos de pan frito.

Pelaremos las habas. En un puchero de barro al fuego echaremos el aceite y el tocino y freiremos en esa grasa las cebolletas bien picadas y el jamón cortado a trozos, dejándolo cocer unos minutos. Añadiremos ahora las ñoras (que están remojadas) y extraeremos de éstas toda la pulpa que tienen dentro, incorporaremos la harina y las habas y removeremos todo con una cuchara de madera, echaremos el perejil y el tomillo, una pizca de azúcar, sal y un poco de pimienta; taparemos el puchero y lo dejaremos hacer, a fuego suave, con su propio vapor (si es necesario puede añadirse una taza de caldo de carne o de agua).

Serviremos las habas adornadas con los trozos de pan frito.

38. Habas frescas con calzón

Ingredientes para 4 personas:

4 kilos de habas con calzón
50 gramos de jamón sin tocino
2 litros de agua
Aceite
1 diente de ajo
Sal.

Para el éxito de esta receta será preciso contar con habas muy tiernas, ya que se preparan con su vaina o calzón.

Pondremos al fuego un puchero con el agua y un poco de sal y en él herviremos las habas, después de haberles cortado las puntas, quitado los hilos y cortado por la mitad. A mitad de su cocción incorporaremos el jamón cortado a trozos y un chorro de aceite.

Una vez cocidas y tiernas, antes de escurrirlas de su caldo de cocción, prepararemos una sartén con aceite y en él freiremos el diente de ajo; cuando esté dorado separaremos la sartén del fuego, escurriremos las habas, las pondremos en una fuente y cubriremos con el aceite y el ajo. Estas dos operaciones, freír el aceite con el ajo y escurrir las habas, deben hacerse simultáneamente y con rapidez para que la verdura no pierda calor.

39. Baba-txikis (habas pequeñas y tiernas que a veces pueden ser secas) con alubias rojas

Ingredientes para 5 personas:

600 gramos de baba-txikis sin calzón
400 gramos de alubias rojas secas
200 gramos de tocino
1 cebolla
Sal
3 litros de agua.

Pondremos a remojar las alubias, la noche anterior, con agua fría y sin sal; al día siguiente las haremos hervir en un puchero de barro con 1 1/2 litros de agua, media cebolla, la mitad del tocino y sal.

En otro puchero aparte coceremos los baba-txikis, también con 1 1/2 litros de agua, el resto del tocino y la otra media cebolla que nos ha quedado, salaremos con sal.

Pasadas unas 2 horas ó 2 y media, y así que veamos está todo cocido, uniremos ambos pucheros en uno solo.

Serviremos los baba-txikis en una fuente junto con las alubias y el tocino y un poco de caldo, muy poco.

40. Baba-txikis (habas pequeñas y tiernas que a veces pueden ser secas) con rabo de vaca

Ingredientes para 5 personas:

800 gramos de baba-txikis sin calzón
1 cebolla mediana bien picada
800 gramos de rabo de vaca
Aceite
2 tazas de desayuno llenas de salsa de tomate ya preparada
3 litros de agua
Sal.

Los baba-txikis de esta receta son secos, por lo cual debemos ponerlos a remojo, como las alubias, en agua fría la noche anterior.

Cortaremos el rabo de vaca a trozos y lo rehogaremos en una sartén sobre fuego vivo con un poco de aceite. Prepararemos una olla al fuego con el agua y en ella echaremos los baba-txikis, remojados, bien escurridos, el rabo, que estará muy frito, y la cebolla picada, que también la habremos frito con un poco de aceite, agregaremos sal y dejaremos hervir la olla hasta que se vea que está todo tierno.

Ya hecho, separaremos los trozos de rabo de vaca a una cazuela de barro y los cubriremos con la salsa de tomate. Meteremos la cazuela unos 15 minutos a horno mediano.

Serviremos los baba-txikis en una fuente y el rabo de vaca en la misma cazuela de cocción.

41. Cardos en salsa

Ingredientes para 4 personas:

1 ½ kilos de cardos (tiernos y blanco)
Harina
30 gramos de almendras
2 dientes de ajo
3 cucharadas soperas llenas de aceite
Sal
Pimienta blanca en polvo
1 limón
3 litros de agua.

El cardo deberá ser muy tierno y blanco, le quitaremos las hojas duras y rasparemos las tiernas por dentro y por fuera con un cuchillo, quitando todas las hebras que pueda tener. A medida que raspamos, frotaremos con limón, echaremos los trozos a un recipiente que contenga agua fría en la que habremos vertido zumo de limón.

Cortaremos las hojas tiernas y el tronco en trozos regulares y los pondremos a cocer en una cacerola con los tres litros de agua hirviendo, añadiendo pimienta, sal, un chorro de limón, y una cucharada de harina por litro (o sea, tres cucharadas). Dejaremos cocer, a medio tapar, hasta que esté tierno (nas dos horas aproximadamente). Ya cocido el caldo, lo retiraremos de la cacerola dejando un poco de caldo que nos servirá para hacer la salsa.

Pondremos el aceite en una cazuela honda y freiremos los ajos picados. Cuando estén dorados, echaremos dos cucharadas de harina, rehogaremos sin que tome color y agregaremos tres decilitros de agua de la cocción de los cardos.

Escaldaremos con agua hirviendo las almendras y las machacaremos en el mortero hasta hacerlas pasta; esta pasta la desleiremos con un poco de caldo, echándola a la salsa que está en la cazuela. Dejaremos cocer un poco e incorporaremos los trozos de cardo bien escurrido. Dar un ligero hervor y servir.

42. Cardos a la vasca

Ingredientes para 4 personas:

1 ½ kilos de cardos
100 gramos de tocino entreverado
Sal
2 tazas de desayuno llenas de caldo de carne
Aceite
Harina
Agua.

Pelaremos y limpiaremos bien los cardos y, una vez lavados al chorro del agua fría, los cortaremos a trozos regulares que herviremos en agua, con sal y una cucharada de harina.

Rehogaremos en una cazuela mediana el tocino partido a trozos, con un poco de aceite; así que tome color le pondremos una cucharada de harina, revolviendo bien y añadiendo el caldo de carne, obtendremos una salsa en la cual echaremos los cardos que deberán cocer en ella hasta que la salsa quede bastante reducida.

Se sirven calientes.

43. Pimientos rellenos

Ingredientes para 4 personas:

4 pimientos gordos frescos (en su defecto pueden ser de lata)
100 gramos de carne picada de ternera
100 gramos de carne picada de cerdo

Comenzaremos por asar los pimientos envolviéndolos después en un trapo para que suden, de esta forma su piel se retira con más facilidad. Una vez pelados, quitaremos el rabo y simientes sin romperlos.

En una sartén con aceite sobre el fuego picaremos media cebolla y rehogaremos en ella las dos carnes picadas, echando uno de los huevos batidos y sal. Con este compuesto rellenare-

1 cebolla mediana
Aceite
2 huevos crudos
Sal
Pimienta en polvo
50 gramos de pan rallado
2 cucharadas soperas llenas de
harina
2 tazas de desayuno llenas de
caldo de carne.

Ingredientes para 4 personas:

4 pimientos frescos rojos gordos
50 gramos de jamón de guisar
200 gramos de carne de cordero
picada
1 cebolla mediana
100 gramos de arroz hervido en
blanco
3 tomates muy maduros
1 huevo
Aceite
1 vaso de vino lleno de vinagre
Sal fina
2 cucharadas soperas llenas de
manteca de cerdo.

Ingredientes para 4 personas:

20 pimientos verdes pequeños
Aceite fino
Sal fina.

mos los pimientos, que pasaremos por el otro huevo batido y pan rallado, friéndolos en la sartén con bastante aceite, y a fuego vivo. A medida que estén fritos los dejaremos en una cazuela de barro.

Haremos una salsa con la media cebolla picada, ya frita en un poco de aceite, la harina y el caldo, salsa que una vez hecha colaremos sobre los pimientos; éstos darán un ligero hervor y después podremos ya servirlos a la mesa.

44. Pimientos rellenos con jamón

Los pimientos los utilizaremos tal cual están, o sea, sin asarlos. Los vaciaremos por el rabo con cuidado y procederemos a preparar el relleno.

En una sartén al fuego con la manteca de cerdo freiremos la cebolla pelada y picada; así que tome color dorado añadiremos la carne de cordero y el jamón cortado a trozos muy pequeños, cuando esté bien rehogado incorporaremos los tomates sin piel y reducidos a puré con el tenedor. Salaremos muy discretamente, pues el jamón ya tiene sal. Cuando el tomate esté ya bien frito, añadiremos el arroz blanco y el huevo batido. Ahora sólo quedará que el huevo cuaje para dar punto final al relleno.

Con una cuchara meteremos el relleno en cada pimiento por igual. Estos pimientos los dispondremos en una fuente de horno rociándolos con abundante aceite y echándoles por encima el vinagre. Se harán a horno regular hasta que veamos están muy tiernos.

45. Pimientos verdes fritos

La cantidad de pimientos puesta (5 por persona) puede aumentarse según la capacidad de cada comensal.

Lavaremos los pimientos y los secaremos con un trapo limpio, practicaremos una incisión con el cuchillo de forma que por ella podamos meterles sal fina sin romperlos.

Pondremos sobre el fuego una sartén con abundante aceite y freiremos en ella los pimientos, con una tapadera por encima y a fuego muy vivo.

Notaremos que se tuestan algo, por lo cual tendremos cuidado de que no lleguen nunca a arrebatarse. El pimiento ideal será algo tostado por fuera (poco) y bien hecho por dentro.

46. Pimientos rojos asados

Ingredientes para 3 personas:

4 pimientos frescos rojos gordos
Aceite fino
2 dientes de ajo picados
Sal fina.

Asaremos los pimientos sobre la parrilla a la plancha o bien en el horno, que estará bien caliente.

Cuando los veamos asados les quitaremos bien toda su piel y pepitas y cortaremos a tiras alargadas todas iguales.

Estas tiras las freiremos, ligeramente saladas con sal fina, en aceite, junto con los dientes de ajo picados. Las haremos muy lentamente por ambos lados, por espacio de unos diez minutos.

Deberemos evitar que se tuesten, pues su punto es más bien blandos.

Al servirlos les echaremos por encima el mismo aceite de freirlos.

47. Menestra de Tudela

Ingredientes para 4 personas:

½ kilo de guisantes sin calzón
4 alcachofas tiernas
150 gramos de jamón propio para guisar

En una cazuela de barro sobre el fuego, pondremos la manteca y picaremos en ella los ajos, echaremos los guisantes (que serán muy tiernos), las alcachofas bien limpias de hojas y cortadas a trozos, los espárragos, escurridos de su caldo, perejil picado, sal, el jamón cortado a cuadros,

1 lata de buenos espárragos
navarros
Unas ramas de perejil
2 dientes de ajo
1 papeleta de canela en polvo
3 huevos duros
2 tazas de desayuno llenas de
agua o caldo de carne
Sal
100 gramos de manteca de cerdo.

la canela y el caldo de carne o agua para que todo hierva lentamente. A última hora y con la menestra ya hecha, adornaremos la cazuela con huevos duros cortados a rodajas.

48. Menestra a la bilbaína

Ingredientes para 4 personas:

2 lechugas grandes
4 alcachofas tiernas
4 patatas
250 gramos de arvejillas
(guisantes) desgranadas
150 gramos de setas frescas
1 manojo de espárragos tiernos
2 huevos duros
3 huevos crudos
100 gramos de jamón
100 gramos de manteca de cerdo
Harina
Sal
Azúcar
3 tazas de desayuno llenas de
caldo de carne
1 limón
Agua.

Limpiaremos bien las alcachofas y las lechugas, aprovechando tan sólo lo más tierno. Las herviremos en una cazuela con agua, sal y limón. Cuando estén hechas, las escurriremos y dejaremos enfriar. A continuación las pasaremos por harina y por huevo batido y las freiremos en parte de la manteca de cerdo.

Mondaremos las patatas cortándolas a trozos que freiremos también. Al jamón, que habremos cortado a trozos con las tijeras, le daremos unas vueltas por la sartén con un poco de manteca y lo separaremos.

Las arvejillas y los espárragos los coceremos en agua ligeramente salada (si son espárragos de lata los utilizaremos tal como vienen).

En una cazuela de barro dispondremos lechugas, alcachofas, patatas, arvejillas y jamón. Prepararemos aparte, en una sartén, una salsa con un poco de manteca, dos cucharadas de harina, una pizca de azúcar y el caldo de carne. A esta salsa le daremos dos hervores y pasaremos por un colador fino, echándola sobre la menestra.

Limpiaremos las setas y las freiremos un poco con manteca, incorporándolas a su vez a la cazuela de la menestra.

Que hierva despacio la cazuela durante unos 8/10 minutos y en ese momento incorporaremos los espárragos enteros y los huevos duros cortados en cuatro a lo largo. Serviremos la menestra en la misma cazuela de barro en la que la hemos hecho.

49. Menestra con vino blanco

Ingredientes para 4 personas :

1 kilo de arvejillas (guisantes)
300 gramos de zanahorias
4 patatas
500 gramos de vainas (judías verdes)
1 cebolla mediana
Aceite
1 vaso de vino lleno de vino blanco
Sal
Agua

Una vez preparadas las arvejillas, o sea sin calzón, las zanahorias peladas y a trozos gordos y las vainas sin hilos y partidas, las herviremos por separado, con agua y sal.

Pelaremos las patatas y las freiremos cortadas a cuadros, reservándolas. Picaremos la cebolla y la freiremos con aceite en una cazuela, añadiremos las verduras hervidas y escurridas, el vino blanco y daremos un hervor a todo junto unos 3 ó 4 minutos. Le incorporaremos luego las patatas fritas, y serviremos la menestra.

50. Alcachofas rellenas

Ingredientes para 4 personas :
16 alcachofas
2 cucharadas soperas llenas de manteca de cerdo
unas ramas de perejil
2 dientes de ajo
3 cucharadas soperas llenas de pan rallado
50 gramos de jamón
Agua
Sal
1 limón.

Quitaremos las hojas exteriores de las alcachofas y procederemos a hervirlas en agua con sal y un trozo de limón. Una vez hechas, las escurriremos del agua. Prepararemos un picadillo con el jamón, perejil, ajos y pan rallado (en crudo) todo bien mezclado.

Practicaremos un hueco en cada alcachofa y rellenaremos este hueco con el citado picadillo. Por último, las colocaremos en una fuente de horno, con la manteca de cerdo, y las haremos al horno hasta que se doren.

51. Alcachofas en cazuela

Ingredientes para 4 personas :
16 alcachofas tiernas
150 gramos de tocino fresco

Limpiaremos bien las alcachofas despojándolas de las hojas verdes y les haremos un corte en su superficie o centro, poniendo en él un trozo de tocino. Les echaremos sal y

44

2 cucharadas soperas llenas de
perejil picado
Sal
Pimienta en polvo
4 cucharadas soperas llenas de
aceite.

pimienta y perejil, del que tenemos picado, dejando cada alcachofa en una fuente de horno; ya todas dispuestas, las rociaremos con el aceite y meteremos la fuente al horno, que estará regular. Vigilaremos su cocción para que se hagan por un igual. Las serviremos recién hechas.

52. Alcachofas al horno

Ingredientes para 4 personas:

16 alcachofas tiernas
50 gramos de mantequilla
2 tazones de desayuno llenos de
salsa blanca
1 limón
Agua
Sal.

Prepararemos las alcachofas quitándoles las hojas verdes y cortando bastante su parte alta. Quedarán todas por un igual. Las herviremos en un puchero puesto al fuego con agua, sal y limón. Una vez hechas las escurriremos bien.

Prepararemos una fuente de horno a la que daremos un poco de mantequilla, colocando en su fondo las alcachofas. Las cubriremos con salsa blanca (receta núm. 11) y esparciremos el resto de la mantequilla por su superficie. Meteremos la fuente al horno.

Estarán hechas cuando su superficie se vea un poco tostada.

53. Fondos de alcachofa a la vasca

Ingredientes para 4 personas:

16 alcachofas medianas
1 cucharada sopera llena de aceite
2 limones
200 gramos de champiñones
frescos
3 tomates maduros
Algunas hojas de lechuga
Pimienta en polvo
Agua
Sal.

Prepararemos las alcachofas arrancándolas el tallo con las manos para que no queden hilos en su interior y cortando las hojas por su base, retiraremos a la vez el corazón.

Cortaremos un limón por la mitad y frotaremos con él el fondo de las alcachofas para que no ennegrezcan. Exprimiremos el resto del limón. Pondremos una cacerola al fuego con agua fría, sal, y añadiremos el zumo del limón y una cucharada sopera de aceite y las alcachofas, dejándolas hervir por espacio de 35/40 minutos.

Prepararemos a la vez la guarnición, cortando en pequeños trozos los tomates y los pimientos, después de haber sido desprovistos de piel y semillas, y lavando y troceando

1 vaso de vino lleno de aceite
2 cucharadas soperas llenas de vinagre
Sal
Pimienta en polvo.

los champiñones. Exprimiremos el segundo limón y rociaremos con su zumo los champiñones para que no se ennegrezcan.

Mezclaremos los tomates, los pimientos y los champiñones. Prepararemos ahora la salsa, mezclando en una cazuela de barro el vinagre, sal, pimienta y aceite.

Cuando los fondos de alcachofas estén cocidos, los escurriremos y dejaremos enfriar, cubriendo cada fondo con las verduras troceadas.

Lavaremos las hojas de lechuga, las escurriremos y extenderemos en una fuente. Los fondos de alcachofa irán sobre las hojas de lechuga.

Estos fondos de alcachofas se servirán muy fríos y acompañados de la salsa, que se presentará en salsera aparte.

54. Apios estilo Irún

Ingredientes para 4 personas:

1 apio grande entero
1 vaso de vino lleno de vino blanco seco
Unas ramas de perejil
2 tomates maduros
Agua
Sal
2 dientes de ajo
Pimienta en polvo
2 cucharadas soperas llenas de harina
½ hoja de laurel
3 cucharadas soperas llenas de aceite
½ cebolla picada.

Arreglaremos los apios separándolos en ramas y cortando éstas todo lo más iguales posible.

En un puchero con agua y sal y la harina coceremos los apios, pero no totalmente, sino que así que estén tiernos (al pincharlos con un tenedor) los escurriremos del agua de su cocción, y dejaremos en una escurridera.

Dispondremos en una cazuela de barro el aceite y la pondremos sobre el fuego, echaremos la cebolla picada y los tomates, sin piel y bien trinchados, así como los dientes de ajo majados al mortero, las ramas de perejil picadas y el laurel entero, añadiremos los apios y el vino blanco y un poco del agua de cocer los apios. Sazonar con sal y pimienta y que cuezan por espacio de 15 minutos, pasados los cuales podremos servirlos en la misma cazuela.

55. Espárragos de Tudela

Ingredientes para 4 personas :

2 manojos de buenos espárragos
Agua
Sal fina
1 taza de desayuno llena de aceite
1 taza de desayuno llena de
vinagre.

Prepararemos los espárragos, pelándolos bien, lavándolos y atándolos en manojos pequeños. Los coceremos en agua hirviendo con sal, los retiraremos del agua antes de que estén blandos del todo y los serviremos calientes; presentando con ellos una salsa bien batida que haremos con el aceite, el vinagre y un poco de sal.

56. Níscalos [1] con ajo y perejil (cocina vasco-francesa)

Ingredientes para 4 personas :

1 kilo de níscalos
Sal fina
2 tazas de desayuno llenas de
caldo de carne
2 dientes de ajo
Unas ramas de perejil
Aceite o manteca de cerdo
abundante
Agua.

Limpiaremos bien los níscalos de tierra y los escaldaremos en agua hirviendo, rápidamente; esta operación debe hacerse con cuidado.

En una olla o cazuela de barro con grasa (aceite o manteca) puesta al fuego, freiremos los níscalos cortados a trozos o enteros según guste más. De vez en cuando echaremos un poco del caldo.

Por último, así que los veamos tiernos, les echaremos los ajos y perejil, ambos bien picados, sirviéndolos calientes en el mismo recipiente de cocción.

---

[1] Níscalos o nizcalos, se trata de un hongo comestible de sabor almizclado, muy apreciado en la Cocina Vasca.

57. Setas a la Navarra

Ingredientes para 4 personas :

1 kilo de setas (de la clase que
más agrade, muy buena la del
Roncal en Navarra)
100 gramos de manteca de cerdo
1 cucharada sopera llena de
pimentón encarnado dulce o

Limpiaremos las setas quitando su tierra y procediendo a lavarlas bien; las secaremos a la perfección.

En una cazuela de barro al fuego con la manteca, rehogaremos las setas cortadas a trozos y con sal, y les echaremos el pimentón y caldo, para que se hagan bien. Una vez hechas, se cubrirán con salsa de almendras, que haremos así:

picante, según agrade más
Salsa de almendras
1 taza de desayuno llena de caldo
de carne
Sal.

Media cebolla picada, frita en manteca de cerdo, rehogaremos allí un poco de harina, echaremos caldo de carne y coceremos todo bien. Una vez hecha la colaremos y picaremos unas 12 almendras tostadas.

58. Cepes [1] a la marinera

Ingredientes para 4 personas:

1 kilo de cepes
Aceite
Sal fina
Pimienta en polvo
60 gramos de jamón
Unas ramas de perejil
½ litro de salsa de tomate
preparada.

Limpiaremos los cepes o las setas separando las colas de las cabezas, rehogaremos las cabezas en aceite, sazonándolas con sal y pimienta. Una vez rehogadas, las pondremos en una cazuela plana y cubriremos con un picado compuesto con las colas de las setas.

Estas colas las trincharemos a cuadritos, las mezclaremos con el jamón, el ajo trinchadísimo y el perejil también picado. Esta composición la echaremos encima de las cabezas, cubriéndola, además, con la salsa de tomate (más bien clara), y dejándolas cocer lentamente durante 45/60 minutos, con fuego por arriba y por abajo de su recipiente de cocción.

Las serviremos en el mismo recipiente.

---

[1] Cepes o setas, nombre con que se conoce a las setas popularmente en el País Vasco.

59. Perrechicos [1] de Vitoria a la cazuela

Ingredientes para 4 personas:

1 kilo de perrechicos
Aceite
Sal
Unas ramas de perejil.

Pondremos al fuego una cazuela de barro y en ella echaremos aceite abundante; así que el aceite eche humo, incorporaremos las setas bien limpias y enteras, revolviéndolas con una espumadera y cuidando que el aceite no deje de hervir.

A los 7/8 minutos los espolvorearemos con sal, añadiremos un poco de perejil finamente picado y ya podremos servirlas.

---

[1] Se trata de una seta conocida por ese nombre sólo en el País Vasco. Nacen salvajes en la provincia de Alava, y son muy apreciadas. De tamaño muy pequeño.

60. Berza cocida a la kashera

Ingredientes para 4 personas:

1 berza verde gorda
50 gramos de tocino en un trozo
2 patatas
3 dientes de ajo
Aceite
Agua
Sal.

Quitar las hojas que no sirvan y picar la berza del tamaño que nos agrade. No conviene picarla muy pequeña, pues se desharía. La herviremos con agua, el trozo de tocino, sal y las patatas mondadas y cortadas a trozos regulares.

Prepararemos aceite abundante en la sartén y freiremos en ella los dientes de ajo enteros; cuando estén dorados los echaremos sobre la berza, que estará bien escurrida en una fuente, sirviéndola rápidamente.

61. Berza con jamón

Ingredientes para 4 personas:

2 kilos de berza blanca o verde
150 gramos de jamón bien curado
1 diente de ajo
1 litro de agua
Sal
1 taza de desayuno llena de aceite
1 diente de ajo.

Picaremos bien la berza y la lavaremos al chorro del agua. En una olla o puchero con el agua la coceremos, a la vez que echamos el jamón y un poco de sal, poca, pues el jamón ya lleva sal.

Así que veamos la berza cocida, prepararemos una sartén con el aceite y en él freiremos el ajo. Escurriremos la berza, la pondremos en la fuente de servir y arreglaremos con el aceite y el ajo frito. El jamón irá sobre ella cortado a trocitos pequeños.

62. Berza con patatas

Ingredientes 4 personas:

2 kilos de berza blanca
2 patatas medianas
1 chorizo con un peso de 100 gramos
2 litros de agua
200 gramos de pan del día anterior
3 dientes de ajo

Picaremos bien la berza y la lavaremos al chorro del agua. Pelaremos y trocearemos las patatas, más bien pequeñas. En un puchero al fuego con los 2 litros de agua herviremos, juntas, berza y patatas. Añadiremos un poco de sal.

Cuando veamos que la berza y las patatas están en su punto, las escurriremos, reservando el caldo en un puchero, y las pasaremos a una cazuela de barro.

Freiremos, en 4 cucharadas de aceite, dos dientes de ajo y los echaremos (calientes) sobre la berza.

8 cucharadas soperas llenas de
aceite
Sal.

Con el caldo haremos una sopa de pan. Freiremos el chorizo con el resto del aceite y el otro diente de ajo, y lo echaremos (después de cortar el chorizo a trozos) a la sopa de pan.

Serviremos primero la sopa y después la berza con las patatas.

63. Berza con morcilla y chorizo

Ingredientes para 4 personas:

2 kilos de berza verde
4 morcillas de la matanza de unos
100 gramos cada una de peso
1 chorizo de 100 gramos de peso
100 gramos de tocino entreverado
Sal
2 litros de agua.

Herviremos en un puchero con el agua y sal, puesto al fuego, el tocino, las morcillas y el chorizo, todo entero. Cuidaremos de que, tanto morcillas como chorizo, no revienten. A los 15 minutos de cocción, añadiremos la berza picada, retirando antes las morcillas, y lo dejaremos cocer hasta que la berza esté en su punto.

Bien escurrida la serviremos en una fuente, rodeándola de la morcilla, el tocino y el chorizo, todo cortado a trozos o a ruedas gruesas.

64. Berza salteada

Ingredientes para 4 personas:

2 kilos de berza blanca
50 gramos de manteca de cerdo
Sal
2 litros de agua
100 gramos de jamón de guisar
cortado a trozos pequeños.

Cortaremos la berza muy finamente desechando los troncos u hojas amarillas.

Pondremos al fuego, en un puchero, el agua con un puñado de sal y en él herviremos la berza, pero que no nos quede demasiado tierna, sino a medio hacer. La escurriremos y pasaremos por el chorro del agua fría.

En una cazuela freiremos el jamón con la manteca de cerdo y en esa misma cazuela rehogaremos la berza, que dará los hervores precisos para que se haga ya del todo. Servirla muy caliente.

65. Berenjenas a la tolosana

Ingredientes para 4 personas:

4 berenjenas gordas
8 salchichas pequeñas
8 setas frescas
Hierbas finas
1 diente de ajo
2 cucharadas soperas llenas de
pan rallado
2 cucharadas soperas llenas de
queso rallado
50 gramos de mantequilla
Sal
5 cucharadas soperas llenas de
aceite.

Prepararemos las berenjenas cortándolas a lo largo, con piel; con ayuda del cuchillo, haremos unos cortes sobre la pulpa.

En una sartén grande, al fuego, con el aceite freiremos ligeramente las berenjenas una a una (tendremos 8 trozos alargados), una vez fritas las escurriremos y así que podamos manejarlas con las manos, las vaciaremos de la pulpa. Picaremos las setas (ya limpias), el diente de ajo, la pulpa extraída de las berenjenas y las salchichas (que habremos frito un poco). Con todo ello rellenaremos las medias berenjenas que dispondremos en una fuente de horno, rociándolas con la mantequilla ablandada y espolvoreando, sobre ellas, el queso y el pan rallados.

Meteremos al horno a que se doren.

66. Vainas[1] a la bilbaína

Ingredientes para 4 personas:

1 kilo de vainas tiernas
400 gramos de patatas pequeñas
nuevas
3 dientes de ajo
1 cucharilla de café llena de
harina
½ cebolla mediana picada
Sal
2 litros de agua
Pimienta en polvo
2 tazas de desayuno llenas de
salsa de tomate previamente
preparada
4 cucharadas soperas llenas de
aceite.

Pelaremos bien las vainas para que no tengan hilos; las patatas las pelaremos y las dejaremos enteras.

En una olla con el agua, un poco de sal y otro poco de pimienta, coceremos vainas y patatas hasta que estén tiernas. Una vez hechas, las escurriremos (el caldo de esta cocción puede servir para una sopa, ya que su sabor es excelente).

Echaremos el aceite en una cazuela y en ella freiremos los dientes de ajo enteros; así que tomen color, añadiremos la cebolla; cuando ésta se halle dorada, la harina, y después las vainas y patatas.

El plato lo tenemos listo para servirlo acompañado de la salsa de tomate caliente, y en salsera aparte. También hay quien echa la salsa a las vainas y las cubre con ella.

---

[1] Judías verdes.

67. Guisantes a la bilbaína

Ingredientes para 2 personas:

1 kilo de guisantes de Deusto
3 cebollas medianas
Aceite fino
2 patatas
1 diente de ajo.

Rehogaremos los guisantes después de quitarles las vainas, en aceite crudo con las cebollas peladas y picadas. Añadiremos las patatas peladas y cortadas a dados y, al momento de servirlas, las rociaremos con aceite frito con un diente de ajo. Para que esta receta resulte bien, es preciso contar con guisantes de excelente calidad.

68. Guisantes con patatas nuevas

Ingredientes para 4 personas:

2 kilos de guisantes frescos con
su vaina
½ kilo de patatas nuevas
4 cebolletas
2 dientes de ajo
2 litros de agua
4 cucharadas soperas llenas de
aceite
Sal.

Pelaremos los guisantes y prepararemos las patatas (peladas y enteras si son pequeñas o bien cortadas si son más grandes). Pelaremos las cebolletas aprovechando sólo lo blanco.

En un puchero al fuego, con el agua y sal, coceremos los guisantes, patatas y cebolletas. Si les echamos un poco de aceite quedarán más finos de comer.

Una vez cocido todo, freiremos los dientes de ajo, en el aceite, escurriremos los guisantes, las patatas y cebolletas y cubriremos con la grasa la verdura, sirviéndola a continuación antes de que se enfríe.

69. Coliflor con patatas

Ingredientes para 4 personas:

1 coliflor gorda con un peso de
2 kilos aproximadamente
½ kilo de patatas
3 dientes de ajo
2 litros de agua
6 cucharadas soperas llenas de

Limpiaremos bien la coliflor y la separaremos en ramitas, cortando un poco el tronco. Pelaremos las patatas y las trocearemos.

En un puchero hondo, puesto al fuego, echaremos el agua y herviremos en él, primero las patatas y, a media cocción de éstas, añadiremos la coliflor y el zumo del limón. Salaremos sólo al final, cuando ya esté muy hecha la coliflor.

aceite
Sal
1 limón.

Una vez tiernas la coliflor y las patatas, las escurriremos, freiremos los dientes de ajo enteros en el aceite y rociaremos con ellos, que estarán hirviendo, la verdura, sirviéndola a continuación.

70. Coliflor al horno

Ingredientes para 4 personas:

*1 coliflor grande (2 kilos de peso) que sea blanca
Sal fina
50 gramos de mantequilla
2 tazas de desayuno llenas de salsa blanca [1].
50 gramos de queso rallado
2 litros de agua.*

Prepararemos la coliflor separándola en cogollos y la herviremos, en un puchero al fuego, con el agua.

Salaremos al final de su cocción.

Una vez tierna la escurriremos, cuidando mucho que no se rompa y la echaremos en una fuente de horno cubriéndola con la salsa blanca caliente y esparciendo la mantequilla por encima; por último, espolvorearemos el queso rallado, y meteremos la fuente al horno para que tome un bonito color dorado.

---

[1] Para hacer la salsa blanca consultar Capítulo I, receta núm. 11.

71. Acelgas con patatas

Ingredientes para 2 personas:

*½ kilo de acelgas
1 cucharada de vinagre
4 cucharadas de aceite
Unas patatitas (según preferencias)
2 dientes de ajo
Sal
Agua.*

Cortaremos las hojas y tallos de las acelgas en trozos más o menos menudos, según nos agrade más. Las lavaremos bien con agua fresca y las sumergiremos en un puchero que estará sobre el fuego con abundante agua hirviendo, en él las daremos un par de hervores, las escurriremos y pondremos, con agua limpia caliente, de nuevo a hervir (así no amargan). Les echaremos el aceite y la sal y cuando estén tiernas (aproximadamente al cabo de hora y media a dos horas de cocción en la última agua) las escurriremos y pondremos en la sartén, donde habremos frito los ajos con el aceite. Removeremos para que tomen bien el gusto. Si agrada, se les puede añadir unas gotas de vinagre antes de servirlas.

53

También se les puede añadir unas patatitas que se cocerán aparte con agua y sal, incorporándolas a la sartén de las acelgas.

72. Pencas de acelgas albardadas[1] y en salsa

Ingredientes para 4 personas:

1 kilo de pencas de acelgas
2 litros de agua
Sal
1 cebolla mediana
1 zanahoria pequeña
3 huevos
Harina
1 vaso de vino lleno de vino
blanco
2 cucharadas soperas llenas de
puré de tomate
Aceite
1 taza de desayuno llena de caldo
de carne o pollo.

Las pencas de acelgas no es otra cosa que la parte blanca de la acelga. Escogeremos acelgas con buena penca para que así resulte mejor el plato.

Limpiaremos las pencas de hilos y las cortaremos todas lo más iguales posible. Cociéndolas en el agua caliente con un buen puñado de sal. Una vez tiernas, pero enteras, escurrirlas bien del caldo y colocarlas sobre una servilleta para que suelten toda el agua que puedan tener.

Pasarlas por harina y por los huevos batidos y freírlas en abundante aceite caliente; a medida que salgan de la fritura las dejaremos en una cazuela un poco honda.

Con la grasa que quede de albardar las pencas, haremos la salsa friendo en ella la zanahoria y la cebolla, ambas peladas y picadas, añadiendo después el vino y el caldo. Esta salsa se colará sobre las pencas, que darán un ligero hervor en ella.

---

[1] Rebozadas.

73. Cebollas asadas

Ingredientes para 3 personas:

12 cebollas medianas lo más
iguales posible de tamaño
Aceite
Canela en polvo
Azúcar
Sal fina.

Separaremos las primeras capas de las cebollas y haremos en su superficie una pequeña cruz con el cuchillo. Las colocaremos en una fuente de horno, echándoles un poco de sal fina, otro poco de azúcar y un polvo de canela. Regaremos las cebollas con abundante aceite y las meteremos a horno suave para que se hagan poco a poco.

74. Cebollas rellenas

Ingredientes para 3 personas:

12 cebollas medianas lo más iguales posible de tamaño
100 gramos de tocino fresco
100 gramos de carne picada de cerdo
2 cucharadas soperas llenas de queso rallado
2 cucharadas soperas llenas de pan rallado
2 dientes de ajo
Unas ramas de perejil
½ cebolla mediana finamente picada
1 vaso de agua lleno de agua
Sal
3 cucharadas soperas llenas de aceite.

Las cebollas deben ser bonitas para que queden lindas a la hora de presentarlas a la mesa. Les quitaremos el corazón o centro procurando no romperlas.

Freiremos la cebolla picada en el aceite y le agregaremos el tocino (bien picado), la carne de cerdo, el queso, los dientes de ajo cortados muy menudos, el perejil y pan rallado formando con todo una pasta que, fuera del calor del fuego, nos servirá para rellenar las cebollas.

Una vez rellenas las colocaremos en una cazuela y les añadiremos el vaso de agua, dejándolas hacer a fuego bajo, hasta que al probarlas veamos que están ya tiernas.

75. Puerros cocidos

Ingredientes para 4 personas:

16 puerros tiernos lo más iguales posible de tamaño
2 litros de agua
Sal
4 cucharadas soperas llenas de aceite
2 cucharadas soperas llenas de vinagre.

Limpiaremos bien los puerros, dejándolos enteros y sin la parte verde. En un puchero al fuego, con el agua y la sal, los herviremos. Cuando estén hechos los escurriremos y colocaremos en una fuente uno junto a otro. Batiremos el aceite con el vinagre, cubriremos los puerros con esta preparación. Pueden comerse también con zumo de limón y aceite o bien con una salsa fría.

76. Puerros al horno

Ingredientes para 4 personas:

2 docenas de puerros blancos y gordos
12 lonchas de jamón de York

Quitaremos las capas de fuera de los puerros y los cortaremos de forma que nos quede sólo lo blanco, y muy iguales todos los puerros. Los lavaremos al chorro del agua y los herviremos en un puchero con el agua y sal.

2 litros de agua
Sal
2 cucharadas soperas llenas de mantequilla
1 cucharada sopera llena de pan rallado
2 tazas de desayuno llenas de salsa blanca [1].

Ya cocidos, los escurriremos y dejaremos enfriar; una vez fríos, colocaremos cada puerro en la mitad de una loncha de jamón de York y los enrollaremos poniéndolos en una fuente de horno. Los cubriremos con la salsa blanca, añadiremos la mantequilla a trocitos y espolvorearemos con pan rallado. Por último los doraremos al horno.

[1] Para hacer la salsa blanca, consultar Capítulo I, receta núm. 11.

77. Calabaza con puerros

Ingredientes para 2 personas:

½ kilo de calabaza
½ docena de puerros
3 cucharadas soperas llenas de aceite
1 panecillo
2 dientes de ajo
Sal
½ litro de agua.

En un puchero al fuego con agua hirviendo y sal, pondremos a cocer los puerros, limpios y partidos en trozos pequeños. Pasada una hora, añadiremos la calabaza, sin corteza ni semillas y partida en trozos. Dejaremos cocer otra hora y si no se ha evaporado, le quitaremos toda el agua. Le echaremos un sofrito preparado en una sartén con el aceite y los ajos muy picados, así como unas sopas de pan finas que habremos hecho del panecillo.

Colocaremos la calabaza y puerros en una fuente y lo serviremos muy caliente. Podremos enriquecer la receta agregando uno o dos huevos cocidos y picados muy finos.

78. Calabaza guisada

Ingredientes para 4 personas:

2 kilos de calabaza
1 cebolla mediana
6 cucharadas soperas llenas de aceite
1 diente de ajo
1 vaso de agua lleno de agua
1 cucharada sopera llena de vinagre
Sal fina.

Despojaremos a la calabaza de su cáscara dura, sin dejar nada, pues no quedaría bien la calabaza, y en esa parte, se notaría una dureza imposible de comer. Una vez quitada la cáscara la cortaremos a trozos todos parecidos.

En una cazuela de barro pondremos el aceite y picaremos en ella la cebolla; antes de que tome color incorporaremos la calabaza, el ajo picado y el vinagre, dejando que empiece a hervir, en este punto agregaremos el agua y sal fina.

La calabaza se hará a fuego lento, siempre tapada, y poco a poco. Cuidaremos mucho que no se pegue. Servirla en la misma cazuela.

79. Calabaza rehogada

Ingredientes para 4 personas:

2 kilos de calabaza
100 gramos de pan
100 gramos de jamón propio para guisar
2 dientes de ajo
Sal fina
6 cucharadas soperas llenas de aceite
2 litros de agua.

Pelaremos la calabaza partiéndola a cuadros lo más pequeños posible.

Echaremos el agua en un puchero y pondremos éste sobre el fuego, añadiendo la calabaza (lavada) y un poco de sal. Cuando esté cocida la escurriremos de su caldo, reservando un poco de éste.

En una cazuela pondremos el aceite y freiremos en él los ajos, pelados y enteros, añadiremos el pan cortado finamente en rebanadas e incorporaremos también el jamón partido a cuadros, rehogaremos todo junto e incorporaremos la calabaza rehogando todo muy bien por espacio de 5/8 minutos.

Antes de servir la calabaza retiraremos los ajos.

80. Galimafrée (cocina vasco-francesa)

Ingredientes para 4 personas:

500 gramos de habas frescas con calzón
4 alcachofas frescas
4 tomates maduros
12 cebollas muy pequeñas
4 pimientos rojos medianos
4 zanahorias medianas
400 gramos de vainas (judías verdes)
200 gramos de jamón de Bayona
50 gramos de cortezas de jamón
2 lechugas
3 cucharadas llenas de manteca de cerdo
Sal
1 vaso de agua lleno de sidra
1 vaso de agua lleno de agua.

Herviremos en el vaso de agua el jamón y la corteza de jamón, un hervor muy ligero, escurriéndolos después y reservando el caldo de la cocción.

En una cazuela de barro, sobre el fuego, pondremos el jamón (cortado en cuatro trozos) y la manteca de cerdo, friéndolo bien; así que esté hecho añadiremos las cebollas peladas y enteras, los pimientos desprovistos de pepitas y rabo y partidos por la mitad, las zanahorias peladas y troceadas, las habas desgranadas, las vainas sin hilos y cortadas, las alcachofas (sólo el corazón) y uniremos todo bien, para que tome el gusto del jamón, añadiremos el vaso de sidra y un poco del caldo de cocer el jamón, taparemos la cazuela, bajaremos el fuego y dejaremos que hierva lentamente.

Salaremos con discreción, pues el jamón soltará su sal correspondiente.

Machacaremos en el mortero las cortezas de jamón que ya tenemos cocidas, y las incorporaremos al guiso, después limpiaremos la lechuga dejándola sólo los cogollos y echaremos éstos también a la cazuela; pelaremos los tomates, los cortaremos y se los agregaremos, tapando de nuevo la cazuela y dejando que siga su cocción.

Lo serviremos en la misma cazuela.

81. Coussinat (cocina vasco-francesa)

Ingredientes para 4 personas:

300 gramos de habas sin calzón
300 gramos de vainas (judías verdes)
4 zanahorias medianas
4 alcachofas
6 cebolletas
2 pimientos verdes medianos
2 tomates maduros
1 vaso de agua lleno de vino blanco seco
1 vaso de agua lleno de caldo de carne
200 gramos de jamón de Bayona en 2 lonchas
4 cucharadas soperas llenas de manteca de cerdo
3 cucharadas soperas llenas de aceite
Sal
2 litros de agua.

Empezaremos por preparar las verduras, pelando las vainas y troceándolas; raspando las zanahorias y partiéndolas; arreglando las alcachofas y dejando el cogollo o corazón; y las cebolletas irán enteras pero sin la cáscara de fuera.

Herviremos estas verduras en agua y sal; una vez hechas las escurriremos y uniremos en una cazuela de barro con la manteca de cerdo, el caldo de carne y el vino blanco, agregaremos ahora los tomates y los pimientos (fritos con aceite), así como el jamón, cortado en 4 trozos y un poco frito, también en la sartén con aceite. Salaremos con cuidado, ya que el jamón desprenderá su correspondiente sal, y dejaremos que se rehogue unos 5/8 minutos sirviéndolo a continuación.

82. Ensalada de pimientos

Ingredientes para 4 personas:

750 gramos de pimientos verdes del tiempo
4 tomates maduros

Empezaremos por asar los pimientos; una vez asados los pelaremos y quitaremos las pepitas, haremos tiras largas con ellos. Sazonaremos con sal y reservaremos. Picaremos los tomates como para ensalada y uniremos todo junto con

58

Sal fina
4 cucharadas soperas llenas de
aceite fino
Vinagre de vino
200 gramos de aceitunas sin
hueso.

Ingredientes para 4 personas:

6 patatas gruesas (500 gramos de
peso más o menos)
1 ½ litros de agua
Unas ramas de perejil picado
Sal fina
1 vaso de vino lleno de vinagre
6 cucharadas soperas llenas de
aceite fino.

Ingredientes para 4 personas:

150 gramos de jamón serrano
1 lata grande de espárragos
200 gramos de champiñones
frescos
2 cucharadas soperas llenas de
mantequilla
Agua
4 tomates rojos
4 cucharadas soperas llenas de
aceite
Sal fina
Vinagre.

Ingredientes para 4 personas:

1 kilo de vainas
1 cebolla mediana
Unas ramas de perejil

las aceitunas en una fuente. Añadiremos un buen chorro de vinagre de vino y el aceite, éste al momento de servir la ensalada a la mesa.

83. Ensalada de patatas

Lavaremos bien las patatas al chorro del agua; si es preciso las cepillaremos para que suelten la tierra y las coceremos en agua caliente. Una vez hechas las escurriremos y pelaremos, cortándolas en cuadro o en rebanadas. Les echaremos sal y el aceite y el vinagre, ambos batidos; por último las cubriremos con el perejil picado. Servirlas frías.

84. Ensalada con jamón

Cortaremos el jamón y los tomates a cuadritos; los champiñones, que habremos limpiado bien y dado un hervor con agua y sal, y rehogado después con la mantequilla, los cortaremos por la mitad; los espárragos irán tal como están. Mezclar todo bien y arreglarlo con sal, aceite y vinagre, unos minutos antes de servirlo. No echar mucha sal, puesto que el jamón ya la lleva.

85. Ensalada de vainas (judías verdes)

Pelaremos las vainas y las cortaremos en cuadros. Pondremos el agua en un puchero, con un puñado de sal corriente y así que empiece a hervir incorporaremos las vainas, que hervirán hasta su total cocción.

2 tomates propios de ensalada
1 huevo duro
4 cucharadas soperas llenas de
aceite
3 cucharadas soperas llenas de
vinagre
Sal fina
1 ½ litros de agua
Sal corriente.

Una vez cocidas las escurriremos y dejaremos enfriar en una fuente. Partiremos los tomates a rodajas y los arreglaremos con las vainas, echando a todo un poco de sal fina.

Picaremos la cebolla pelada y la echaremos en una salsera añadiéndole el huevo duro, pelado y picado, las ramas de perejil muy triturado, el aceite, el vinagre y un poco de sal fina. Uniremos bien todo en la salsera y lo echaremos sobre las vainas.

86. Ensalada de huevos duros

Ingredientes para 4 personas:

*8 huevos duros
Pimienta blanca en polvo
Unas ramas de perejil
Sal fina
2 cebollas medianas
2 cucharadas soperas llenas de
vinagre
4 cucharadas soperas llenas de
aceite fino.*

Pelaremos los huevos duros y los cortaremos en discos. Aparte pelaremos y cortaremos en aros las cebollas, uniendo todo bien y arreglándolo con el aceite y el vinagre y sal fina. Aceite y vinagre pueden batirse hasta formar una crema espesa o bien ponerlos tal cual están. Servir la ensalada recién preparada.

87. Patatas en salsa verde

Ingredientes para 4 personas:

*1 kilo de patatas (elegir patatas
que no se deshagan)
3 dientes de ajo
Abundante perejil picado
Sal
1 cucharada sopera llena de
harina
1 ½ litros de agua
4 cucharadas soperas llenas de
aceite.*

Pelaremos las patatas y las cortaremos en ruedas o rebanadas no muy finas.

En cazuela de barro, puesta al fuego con el aceite, echaremos los dientes de ajo pelados y muy picados, y antes de que se doren, agregaremos las patatas, revolveremos con una cuchara de madera, y echaremos el perejil picado, un poco de sal y agua (que las cubra), así como la harina disuelta en un poco de agua. Moveremos la cazuela y que cuezan, despacio, hasta que estén tiernas, sirviéndolas en la misma cazuela.

88. Patatas con cabeza de merluza y perejil

Ingredientes para 4 personas:

1 kilo de patatas (elegir patatas que no se deshagan)
2 dientes de ajo
Perejil picado
1 cabeza de merluza
Sal
Agua
½ cebolla
4 cucharadas soperas llenas de aceite
2 huevos duros.

Pelaremos las patatas, partiéndolas en rodajas gruesas. Herviremos la cabeza de merluza en un poco de agua con sal y la cebolla. Una vez cocidas las escurriremos reservando el caldo.

En una cazuela de barro con el aceite, picaremos los ajos y antes de que se doren añadiremos las patatas y el perejil picado y un poco de sal. Cubriremos con el agua de hervir la cabeza de merluza, dejándolas hacer y, a media cocción, incorporaremos la cabeza de merluza. Moveremos la cazuela y la presentaremos a la mesa con los huevos duros picados (o a rodajas) por encima.

89. Patatas a la vizcaína

Ingredientes para 4 personas:

1 kilo de patatas (elegir patatas que no se deshagan)
3 dientes de ajo
1 cabeza de merluza
Abundantes ramas de perejil picado
4 cucharadas soperas llenas de aceite
Sal.

En una cazuela, mejor de barro, pondremos el aceite y le añadiremos los ajos picados y unas dos cucharadas del perejil picado. Rehogaremos un momento y añadiremos las patatas partidas en trozos y la cabeza de merluza limpia y entera. Echaremos el agua hirviendo y un poco de sal y dejaremos cocer una hora aproximadamente. Las serviremos en la misma cazuela y muy calientes.

Esta receta es similar, aunque con variantes, a la de «patatas con cabeza de merluza y perejil».

En muchos sitios les agregan, también, unas arvejillas (guisantes) hervidas.

90. Patatas a la vasca

Ingredientes para 4 personas:

8 patatas grandes de igual tamaño
1 cebolla mediana

Picaremos sobre la carne el ajo y el perejil (machacados en el mortero) dejándola reposar unos 15 minutos. Pasado ese tiempo la rehogaremos en cuatro cucharadas de aceite, cuando esté ya un poco hecha, le agregaremos el vino blanco

2 cucharadas soperas llenas de
harina
3 yemas de huevo duro
1 diente de ajo
Perejil
150 gramos de carne picada
(puede ser de ternera, pollo o
cerdo)
½ litro de leche
½ cucharada sopera llena de
mantequilla
1 kilo de tomates frescos
1 pimiento verde fresco
3 cucharadas soperas llenas de
vino blanco
Aceite
Sal.

Ingredientes para 4 personas:

1 kilo de patatas (elegir patatas
que no se deshagan)
3 ñoras (pimientos secos
choriceros)
4 cucharadas soperas llenas de
aceite
2 litros de agua
Sal.

y dejaremos en el fuego hasta que consuma todo el jugo.

Coceremos las patatas, con su piel, en agua fría y sal. Una vez cocidas las dejaremos enfriar.

De los tomates más pequeños cortaremos seis rodajas gruesas, que reservaremos; con el resto de la cebolla y los tomates (reservando 2 de ellos), prepararemos una salsa de tomate bien concentrada.

A las patatas, ya frías, les quitaremos la piel y una rodaja, ahuecándolas y rellenándolas con el picadillo preparado anteriormente.

Con la leche, harina, mantequilla y sal, haremos una salsa bechamel a la que añadiremos las yemas de huevo desmenuzándolas y mezclándolas bien.

En una fuente pondremos la salsa de tomate; sobre ella las patatas con el relleno hacia arriba. La mezcla de yemas y salsa bechamel la pasaremos por una manga con boquilla ancha y con ella cubriremos el relleno de las patatas dándole una forma artística y formando como pirámide; sobre cada una colocaremos una rodajita de tomate.

Cortaremos el pimiento en trocitos, lo freiremos y lo salpicaremos sobre el conjunto.

91. Patatas con ñoras (pimientos secos)

Abriremos las ñoras con unas tijeras y les quitaremos las pepitas, poniéndolas a remojo en un poco de agua muy caliente durante 2/3 horas; ya remojadas, las rasparemos suavemente guardando en una taza la carne que desprendan.

Herviremos los pellejos restantes en medio litro de agua y ésta, colada a continuación, la reservaremos.

Pelaremos las patatas y las cortaremos a trozos, echándolos a una cazuela de barro honda con el aceite, sobre ellas el caldo guardado y la carne de las ñoras.

Coceremos las patatas cubiertas por más agua y con un poco de sal.

Las presentaremos a la mesa en la misma cazuela.

92. Patatas a la guipuzcoana

Ingredientes para 4 personas:

1 kilo de patatas (elegir patatas que no se deshagan)
3 puerros gordos
6 cucharadas soperas llenas de aceite
1 cucharada sopera llena de harina
Agua
Sal.

Pelaremos las patatas y las trocearemos. Si tenemos el aparato especial quedarán muy bien redondeadas como patatitas nuevas.

En cazuela de barro, sobre el fuego, echaremos el aceite y en ella freiremos los puerros, pelados y troceados; así que tomen color añadiremos la cucharada de harina, que revolveremos bien con los puerros y las patatas, echaremos sal y el agua suficiente para que queden cubiertas.

Hervirán lentamente sirviéndolas en la misma cazuela.

93. Patatas con sebo de riñón

Ingredientes para 4 personas:

1 kilo de patatas (elegir patatas que no se deshagan)
100 gramos de sebo de riñón (puede ser de cordero, o de ternera, o de cerdo)
1 cebolla mediana
2 dientes de ajo
1 cucharada sopera llena de pimentón encarnado dulce o picante
1 cucharada sopera llena de harina
Agua
Sal.

Picaremos el sebo y los ajos, ambos formando una pasta, en el mortero; esta pasta la pondremos en una sartén, calentándola, poco a poco; así que vaya derritiéndose el sebo, subiremos el fuego y mezclaremos bien con un tenedor. Una vez completamente derretida la colaremos a través de un colador chino, sobre una cazuela de barro. Le añadiremos la cebolla frita y la cucharada de harina, revolviéndolo todo durante unos momentos.

Agregaremos a continuación el pimentón y las patatas peladas y cortadas a trozos no muy grandes, revolveremos con la ayuda de una cuchara durante un minuto y, a continuación, las cubriremos con agua hirviendo, añadiéndoles la sal.

Las coceremos hasta que las patatas estén blandas, momento en que podremos servirlas a la mesa.

94. Patatas fritas a la aldeana vasca

Ingredientes para 4 personas:

1 kilo de patatas
60 gramos de manteca de la que utiliza para confitar patos (en su

Pelaremos las patatas y las cortaremos en ruedas finas, haciéndolas freír en una sartén con la manteca (que es poca cantidad, aunque la suficiente para que puedan freírse y no queden pegadas en la sartén).

defecto, manteca de cerdo)
2 dientes de ajo frescos
3 cucharadas soperas llenas de
perejil picado
Sal.

Trabajaremos con fuego más bien bajo. Sazonaremos con sal y cuando estén ya en su punto les agregaremos los ajos muy picados, el perejil y la sal, dándoles unas vueltas más en la sartén y sirviéndolas rápidamente.

95. Purrusalda de Sodupe

Ingredientes para 4 personas:

250 gramos de bacalao
3 cucharadas soperas llenas de
aceite
3 dientes de ajo
400 gramos de puerros
400 gramos de patatas
Pimienta en polvo
½ hoja de laurel
Agua
1 cucharada sopera llena de
pimentón encarnado dulce
Sal.

Empezaremos por cocer en un cuarto de litro de agua o algo más, el bacalao desalado, la cocción durará 7 minutos. Retiraremos el bacalao y reservaremos su caldo, desmenuzaremos el bacalao retirándole todas sus espinas.

Pondremos una cacerola o cazuela honda sobre fuego con el aceite y freiremos en él los dientes de ajo, que los retiraremos tan pronto tomen un color pronunciado, guardándolos. Añadiremos en seguida los puerros cortados en rodajas o en tiras más o menos gordas, y las patatas cortadas a trozos. Rehogaremos bien sin que lleguen a tomar color, echando ahora el bacalao, un pellizco de pimienta (blanca o negra) y el laurel, que luego retiraremos.

Llegado a este punto, añadiremos el caldo de la cocción del bacalao, más un medio litro o algo más de agua hirviendo (o en su lugar caldo de pescado). Finalmente se machacan los ajos que hemos frito en un principio, con el pimentón, disolveremos este machacado en el mortero con un pequeño cacillo de agua hirviendo y lo uniremos a la cocción, rectificaremos de sal y lo dejaremos cocer despacio unos 35 minutos, pasados los cuales ya podemos servir la purrusalda.

Capítulo IV

VARIOS

96. Arroz a la vasca

Ingredientes para 4 personas:

4 tazas de desayuno llenas de arroz
8 tazas de desayuno llenas de caldo de carne
½ gallo (700/800) gramos de peso) partido a trozos, o en su defecto pollo
3 mollejas de pollo
4 higadillos de pollo o de gallina
100 gramos de carne de cerdo
2 chorizos con un peso aproximadamente de 200 gramos
150 gramos de arvejillas (guisantes) sin vaina
100 gramos de jamón sin tocino
2 ñoras (pimientos choriceros secos)
4 salchichas
2 huevos duros
8 huevos crudos
2 tazas de desayuno llenas de salsa de tomate previamente preparada
2 pimientos rojos de lata
2 dientes de ajo
Aceite
Sal.

El arroz en el País Vasco se hace siempre en cazuela de barro, no se utilizan las paelleras clásicas de Levante o de Cataluña.

Echaremos aceite en una cazuela grande y en ella freiremos los ajos, pelados y picados, añadiendo acto seguido, y por este orden, los demás ingredientes: el gallo o pollo bien limpio y soflamado; las mollejas lavadas y troceadas; los higadillos sin piel ni hilos partidos en tres trozos; la carne de cerdo cortada a cuadros; así como el jamón de la misma forma, el chorizo también lo cortaremos a trozos y los salchichas las echaremos enteras. Rehogaremos bien, incorporaremos las arvejillas (que serán muy tiernas), las ñoras a trozos y sin pepitas y el arroz; todo esto lo uniremos bien en la cazuela cubriéndolo con el caldo y echando un poco de sal. Cuando el arroz empiece a estar espeso (la cocción durará de 25/30 minutos según la calidad del arroz), añadiremos los dos huevos duros pelados y cortados a discos y los pimientos rojos cortados a tiras.

A la hora de servir este «arroz a la vasca» lo acompañaremos con los huevos fritos y la salsa de tomate caliente.

97. Arroz blanco a la vasca

Ingredientes para 6 personas:

250 gramos de arroz de grano alargado
1 sobre de azafrán en rama
3 pimientos morrones encarnados de lata

Empezaremos por medir el arroz con un vaso. Pondremos en una cacerola una medida y media de agua por cada vaso de arroz. Diluiremos el azafrán en este agua, sazonándola con sal y pimienta y la arrimaremos a hervir. Echaremos seis cucharadas de aceite en una cazuela; así que empice a calentarse, pondremos el arroz y lo removeremos bien

500 gramos de arvejillas
(guisantes) frescas o de lata
600 gramos de carne de cerdo
cortada a trozos
1 cebolla grande
2 kilos de mojojones (mejillones)
12 langostinos
3 lonchas de tocino ahumado
12 rodajas finas de chorizo
12 cucharadas soperas llenas de
aceite de oliva
1 vaso de vino lleno de vino
blanco seco
Sal
Pimienta en polvo
Agua.

hasta que se ponga transparente, incorporaremos ahora el agua azafranada sobre el arroz y dejaremos que dé otro hervor, bajando el fuego, y tapando la cazuela que cueza (sobre todo sin remover el arroz), durante 15 minutos. Pasado ese tiempo, apagaremos el fuego y mantendremos la cazuela tapada. Trincharemos finamente la cebolla, cortaremos los pimientos a tiras y reservaremos unas cuantas de estas tiras. Saltearemos todo en una sartén con seis cucharadas de aceite, añadiremos la carne cortada a grandes dados, y cuando esté ligeramente dorada, rociaremos la mezcla con el vino, sazonaremos con sal y pimienta y la dejaremos cocer, a fuego lento, con la sartén tapada, durante una hora y media más o menos. Si pinchamos un pedazo de carne con la punta del cuchillo nos aseguraremos que está en su punto. Pondremos ahora los mejillones en una cazuela a fuego vivo hasta que se abran y reservaremos los más grandes con su caparazón, sacando los demás de sus valvas y manteniéndolos en reserva en un plato. Coceremos los langostinos en agua hirviendo con sal durante cinco o seis minutos, las pasaremos por agua fría sin pelarlos. Si las arvejillas son frescas, las herviremos poniéndolas después en agua fría; si no calentaremos al baño maría arvejillas en conserva, después de escurrirlas. Freiremos en una sartén el tocino ahumado, desmenuzado, y el chorizo. Pondremos el arroz, muy caliente, en una fuente, y mezclaremos en él los distintos ingredientes con mucho cuidado, para no aplastar los granos. Decoraremos el plato con los langostinos, los mejillones y las tiras reservadas de los pimientos.

98. Arroz al estilo de Pamplona

Echaremos el aceite en una cazuela honda de barro, y en ella, puesta al fuego, freiremos la cebolla pelada y muy picada, añadiremos las ñoras (a trozos y sin pepitas) y las alcachofas que habremos limpiado y dejado sólo el corazón, rehogaremos y pondremos las arvejillas (serán muy

Ingredientes para 4 personas:

4 tazas de desayuno llenas de
arroz
8 tazas de desayuno llenas de
agua

200 gramos de arvejillas
(guisantes) sin calzón
4 alcachofas frescas
200 gramos de bacalao desmigado
y sin sal
1 cebolla
Unas ramas de perejil
1 hoja de laurel
Un poco de tomillo
2 ñoras (pimientos secos)
2 tomates
Sal
8 cucharadas soperas llenas de
aceite

tiernas), el bacalao, tomillo y laurel. Que todo se haga unos instantes incorporando entonces los tomates pelados y reducidos a puré y el arroz, al que daremos unas vueltas en la cazuela con la cuchara de palo; agregando el agua (caliente), y la sal correspondiente. Cocer el arroz 20 minutos y terminar esta cocción al horno caliente hasta los 25/30 minutos que precise el arroz.

Servirlo en la misma cazuela con ramitas de perejil trinchadas sobre él.

99. Ranas de Zudaire (cocina navarra)

Ingredientes para 4 personas:

8 ranas de ración
1 vaso de agua lleno de vino
blanco seco
8 cucharadas soperas llenas de
aceite
½ guindilla picante
4 tomates frescos maduros
Sal
2 dientes de ajo
1 cebolla gorda.

Las ranas las arreglaremos dejándolas sin piel ni cabeza pero enteras y secándolas muy bien con un trapo limpio, las echaremos sal y reservaremos.

En una cazuela, al fuego, con el aceite freiremos los dientes de ajo pelados y picados, y así que tomen color añadiremos las ranas, que freiremos un poco. Agregaremos el vino y taparemos la cazuela bajando el fuego, si es preciso, para que se hagan poco a poco; las ranas soltarán su gelatina y así se espesará el conjunto de aceite y vino que llevan. Aparte, con la cebolla, tomates y guindilla prepararemos una buena salsa de tomate que pasaremos por el chino sobre las ranas. Daremos un ligero hervor de 8/10 minutos y presentaremos las ranas en la misma cazuela a la mesa.

100. Ranas al ajillo (cocina navarra)

Ingredientes para 4 personas:

8 ranas de ración
12 dientes de ajo gordos
8 cucharadas soperas llenas de

Las ranas estarán despellejadas y sin cabeza. Las limpiaremos bien con un trapo.

Echaremos el aceite en una cazuela de barro y en ella freiremos 6 de los 12 dientes de ajo pelados, y cortados,

aceite
Sal fina.

cada uno en 4 trozos; así que estén muy fritos los retiraremos y tiraremos, echando a la cazuela las ranas junto con el resto de los ajos pelados y muy picados. Rehogaremos bien, añadiremos sal fina y que se hagan las ranas rápidamente (10-12 minutos), presentándolas a la mesa en la misma cazuela.

101. Caracoles estilo vasco

Ingredientes para 2 personas:

2 kilos de caracoles
200 gramos de jamón propio para cocinar
2 cebollas grandes
2 dientes de ajo
5 ñoras (pimientos secos)
2 yemas de huevo duro
2 cucharadas soperas llenas de perejil picado
8 cucharadas soperas llenas de aceite
Sal
Agua.

Una vez limpios los caracoles y ya listos para cocinar, procederemos a hervirlos en agua con sal.

En una cazuela de barro echaremos el aceite y la pondremos al fuego, friendo en ella el jamón cortado a trozos. Una vez frito lo retiraremos a un plato reservándolo. Echaremos ahora a la cazuela las cebollas peladas y bien picadas, y los ajos, también picados, taparemos la cazuela para que se haga lentamente.

Las ñoras las pondremos a remojo, en agua caliente, un par de horas, pasadas las cuales rasparemos su interior para sacar toda la pulpa o carne adherida a la piel; esta pulpa la uniremos a las yemas de huevo duro y lo desleiremos con un poco de agua, incorporándola a la cazuela, rehogaremos y añadiremos los caracoles, que darán sólo unos ligeros hervores en la salsa.

Servir en la misma cazuela

102. Caracoles estilo navarro

Ingredientes para 2 personas:

2 kilos de caracoles
1 hoja de laurel
1 cebolla gorda
1 vaso de vino lleno de vinagre
Sal

Los caracoles estarán bien limpios pero no cocidos. En una sartén freiremos la cebolla pelada y cortada en el aceite y la echaremos a un puchero que contenga unos 2 litros de agua fría añadiendo, además, el laurel, el vinagre y sal. En este puchero echaremos los caracoles que cocerán hasta que los veamos hechos (unos 45 minutos, aproximada-

4 cucharadas soperas llenas de
aceite
Agua.

*Ingredientes precisos para la
salsa:*

1 cabeza de ajos
1 cebolla gorda
Unas ramas de perejil
Agua
Sal.

Ingredientes para 4 personas:

500 gramos de bacalao
3 huevos crudos
1 cebolla pequeña
1 kilo de patatas
1 cucharada sopera llena de
mantequilla
Unas ramas de perejil
50 gramos de pan rallado
3 cucharadas soperas llenas de
aceite
Sal.

*Ingredientes para la
guarnición:*

2 huevos cocidos
Salsa de tomate[1].

mente), después de escurridos los serviremos con una salsa
hecha así:

Pondremos agua en un puchero (3/4 de litro) y en
ella haremos hervir la cebolla pelada y cortada en cuatro
trozos, añadiremos la cabeza de ajos y perejil picado. Una
vez todo cocido lo pasaremos por el chino añadiendo sal.
Si resulta espesa puede aligerarse con un poco de agua
del cocimiento de los caracoles.

103. Pastelillos de bacalao

Pondremos el bacalao en remojo durante veinticuatro
horas, cambiándole varias veces el agua, que debe ser siempre fría.

Pelaremos las patatas y las haremos cocer, cortadas en
trozos, en agua fría para que no se deshagan, con un poco
de sal. Así que estén a medio cocer les agregaremos el
bacalao cortado a trozos pequeños. Cuando veamos que
las patatas están cocidas, pero sin deshacerse, separaremos
el bacalao a un plato y lo reservaremos. Escurriremos las
patatas bien y las pondremos a secar en el horno, o sobre
una plancha. Las pasaremos por el chino bien calientes,
ya secas. Limpiaremos el bacalao de piel y espinas y lo
desharemos dejándolo muy menudo, y uniéndolo al puré
de patatas. Con todo ello mezclado formaremos una pasta
a la cual añadiremos la mantequilla, perejil picado finamente, un poco de cebolla rallada, y uno de los huevos batido.
Trabajaremos un poco la pasta dejándola enfriar.

Con la ayuda de la harina formaremos unas bolas aplastadas, que una vez pasadas por huevos batidos y pan rallado,
freiremos en aceite abundante y bien caliente hasta que
queden doradas. Las colocaremos en una fuente, adornánolas
con huevo cocido muy picado y una salsa de tomate, que
ya tendremos preparada y que es mejor esté un poco espesa.

---

[1] Para hacer la salsa de tomate, consultar Capítulo I, receta núm. 8.

104. Chorizos vascos

Ingredientes para obtener unos 5|6 chorizos:

2 kilos de carne de cerdo
1 cabeza de ajos
2 cucharadas soperas llenas de sal
15 ñoras (pimientos choriceros)
1 cucharada sopera llena de pimentón encarnado picante
Tripa
Bramante
Agua.

Escogeremos carne de cerdo magra pero que no obstante tenga un poco de grasa, y la picaremos finamente con el cuchillo, nunca a máquina. Pelaremos los ajos y los herviremos en un poco de agua, machacándolos después en el mortero. Las ñoras las remojaremos en agua templada y les daremos un hervor en la misma agua, pasándolas después por el pasador; cuando esté frío el puré obtenido de las ñoras, lo mezclaremos con la carne, echando también los ajos, el pimentón y la sal, y también un poco de agua del cocimiento de las ñoras. Amasaremos bien, dejándolo tapado en un lugar fresco por espacio de veinticuatro horas, pasadas las cuales lo volveremos a amasar y embutiremos en tripas de cerdo, atándolas de diez en diez centímetros de largo, más o menos. Las pincharemos y expondremos al humo para secarlas.

105. Morcilla asada al estilo navarro

Ingredientes para 4 personas:

8 morcillas
1 berza mediana
2 litros de agua
Sal
1 kilo de tocino fresco
2 dientes de ajo
4 cucharadas soperas llenas de aceite.

Prepararemos la berza bien picada y la coceremos con las morcillas en un puchero: las morcillas prestan un sabor delicioso a la berza. Retiraremos y asaremos las morcillas sobre las parrillas, procurando que la piel no se reviente.

Las serviremos cortadas en rodajas, muy calientes, y con el tocino cocido aparte.

Es tradición comer este plato con torta de maíz, en vez de pan, y sin tenedor, empapando la morcilla en el tocino y ayudándose de la torta para comerla y acompañadas por la berza, que se rehogará con el aceite caliente en el que habremos frito los ajos enteros.

106. Fritos de sesos huecos

Ingredientes para 3 personas:

2 sesos de cordero o 1 de ternera
1 huevo crudo
4 cucharadas soperas llenas de

Limpiaremos bien los sesos y los coceremos en agua con sal y unas hojas de perejil. Una vez cocidos y fríos, los cortaremos en cuadros, taparemos con un paño y reservaremos.

harina
1 lechuga
Aceite
Sal fina
Agua
Unas ramitas de perejil.

Pondremos la harina en un recipiente hondo y agregaremos dos cucharadas de aceite, sal y ocho cucharadas de agua, mezclándolo bien e incorporando la clara batida a punto de nieve; volveremos a batir y pasaremos después los trozos de sesos a la pasta, mezclándolo todo bien.

En una sartén pondremos abundante aceite y así que esté caliente iremos echando cucharadas del preparado. Una vez doradas, las retiraremos y serviremos inmediatamente en una fuente adornando ésta con hojas de lechuga.

107. Fritos variados

Ingredientes para 4 personas:

100 gramos de carne de ternera cortada en tajadas delgadas y pequeñas
2 sesos de cordero cocidos
4 higadillos de pollo
8 chuletillas de cordero aplastadas
4 tajadas pequeñas de jamón de York
2 criadillas cortadas en rodajas (250 gramos de peso)
50 gramos de manteca de cerdo
Unas ramas de perejil
8 cucharadas soperas llenas de harina
¼ de litro de leche
3 cucharadas soperas llenas de mantequilla
Un poco de nuez moscada rallada
Sal
3 huevos crudos
100 gramos de pan rallado
Aceite

Pasaremos la carne, higadillos de pollo, chuletas y criadillas por la sartén, después de haberlos salado ligeramente. Este rehogo debe dejar la carne poco hecha. Dejaremos cada cosa en un plato.

Aparte haremos una salsa bechamel con 2 cucharadas de harina, la leche caliente, la mantequilla, sal y la nuez moscada, una vez hecha la dejaremos enfriar.

Procederemos ahora a pasar el seso, cortado a trozos, por la salsa para que se impregne de ella, haremos lo mismo con todo lo demás, o sea: jamón, carne, higadillos, chuletillas y criadillas. Después de este rehogo pasaremos, cada cosa por harina y por los huevos batidos finalizando por el pan rallado, como las croquetas, y los freiremos en abundante aceite caliente. Servir los fritos recién hechos.

108. Buñuelos huecos

Ingredientes para 4 personas:

150 gramos de harina
1 cucharadita de café llena de levadura en polvo
1 huevo crudo
1 diente de ajo
Unas ramas de perejil
Aceite
Una taza de desayuno llena de leche
Sal fina.

Prepararemos una pasta con la harina, la levadura y la yema del huevo y le añadiremos, lentamente, la leche fría hasta obtener una masa bien ligada.

Machacaremos en el mortero el diente de ajo con unas ramitas de perejil y lo añadiremos a la masa, junto con la clara de huevo batida a punto de nieve fuerte, echaremos un poco de sal.

En una sartén con abundante aceite muy caliente, freiremos porciones de esta masa, echándolos con ayuda de una cuchara.

Una vez fritos y bien escurridos los buñuelos, los presentaremos calientes a la mesa.

109. Buñuelos de bacalao

Ingredientes para 4 personas:

250 gramos de bacalao previamente remojado
1 huevo crudo
Aceite
Sal
1 taza de desayuno llena de leche
1 diente de ajo
Unas ramas de perejil
Harina
1 cucharadita de café llena de levadura en polvo.

Haremos una masa con la harina, la levadura, sal, leche la yema del huevo. Bien unida, le añadiremos el diente de ajo y un poco de perejil machacados en el mortero. Batiremos la clara en forma de nieve y la incorporaremos a la masa, así como el bacalao bien desmigado, mezclando mucho todo con ayuda de una cuchara de palo.

En una sartén pequeña, y con abundante aceite muy caliente, al fuego, freiremos porciones de la masa hasta formar los buñuelos. Conviene servirlos recién hechos y muy calientes.

110. Croquetas de jamón

Ingredientes para 4 personas:

4 cucharadas soperas llenas de harina
150 gramos de jamón de buena

Picaremos bien el jamón y lo freiremos ligeramente en un poco de la manteca; una vez escurrido lo guardaremos.

En una sartén echaremos la mantequilla y después la harina y la leche, para hacer la pasta de las croquetas.

calidad
2 huevos crudos
50 gramos de manteca de cerdo
½ litro o más de leche
2 cucharadas soperas llenas de
mantequilla
Sal
50 gramos de pan rallado

La leche es mejor que esté caliente. Trabajaremos bien la pasta para que salga fina, echaremos sal, pero poca, pues el jamón ya lleva sal, añadiremos el jamón y volveremos a trabajar la pasta.

Una vez fuera del calor del fuego la extenderemos en una bandeja dejándola enfriar.

Prepararemos las croquetas dándoles la forma tradicional y las pasaremos por los huevos batidos, después por el pan rallado y por último las freiremos, en la manteca caliente, hasta que estén doraditas.

Capítulo V

HUEVOS

111. Huevos al plato a la navarra

Ingredientes para 4 personas:

8 huevos crudos
8 rodajas de chorizo de Pamplona
4 tomates maduros
50 gramos de queso rallado
Mantequilla
Pimienta en polvo
Sal
Unas ramas de perejil.

En platos especiales para huevos al plato y bien untados de mantequilla sus fondos, pondremos unos lechos de tomate frito y bien sazonado de sal, pimienta y perejil picado.

Encima de cada uno, cascaremos 2 huevos y al lado de cada yema pondremos una rodaja de chorizo de Pamplona frito, espolvoreando los huevos con queso rallado.

Se harán al horno; éste no estará demasiado fuerte, pues deberemos servirlos con la yema blanda, nunca dura.

112. Huevos al horno con tocino

Ingredientes para 4 personas:

8 huevos crudos
8 lonchas de tocino
Aceite
Sal.

En una fuente que vaya al horno freiremos el tocino poco a poco sobre el fuego, con algo de aceite. Una vez que haya soltado grasa ya se hará más rápidamente.

Les daremos la vuelta a las lonchas y las retiraremos a un plato antes de que se frían demasiado. Echaremos en la fuente de horno los huevos, los salaremos y cubriremos con el tocino, metiendo la fuente al horno y retirándola en cuanto se hayan cuajado los huevos, evitando siempre que se endurezca la yema.

113. Huevos emparrillados Euskalduna

Ingredientes para 4 personas:

600 gramos de mollejas de ternera lechal o bien de cordero
Agua
Sal
8 huevos
Aceite
2 pimientos rojos frescos gordos

Limpiaremos bien de nervios y tendones las mollejas y les daremos un hervor ligero en agua salada, escurriéndolas a continuación y cortándolas, ya frías, en rebanadas de un centímetro de espesor, asándolas a la parrilla o bien dentro del horno, y dejándolas en una fuente de horno.

Pondremos abundante aceite en una sartén y, en ella, freiremos los huevos uno a uno. Bien escurridos del aceite los dispondremos sobre las mollejas.

Por encima de los huevos repartiremos tiras hechas de
los pimientos, después de haber asado éstos. Por último
espolvorearemos con el queso rallado metiendo rápidamente
al horno los huevos por espacio de 2 minutos. Se servirán
recién hechos.

114. Huevos al plato Monte Igueldo

Ingredientes para 1 persona:

2 huevos
1 tomate rojo
1 morcilla vasca
½ diente de ajo
*1 cucharilla de café llena de
queso rallado*
Unas ramas de perejil
*3 cucharadas soperas llenas de
aceite*
Sal fina.

En una cazuelita individual, con el aceite pondremos
tres rodajas hechas del tomate, friéndolas con perejil y ajo
bien picado por encima. La morcilla, que habremos asado
a la parrilla, la partiremos en rodajas y añadiremos al
plato, dejándola freír un poco; a continuación cascaremos
los huevos en la cazuela poniendo un pellizco de sal sobre
las yemas y espolvoreándolos con el queso rallado. Meteremos al horno caliente solamente unos momentos (tres minutos) hasta que cuajen las claras. Servir rápidamente.

115. Huevos a la donostiarra

Ingredientes para 4 personas:

4 huevos
3 ñoras (pimientos choriceros)
6 dientes de ajo
Unas ramas de perejil
¼ kilo de garbanzos
6 cebollitas pequeñas ya cocidas
*7 cucharadas soperas llenas de
aceite*
Sal
Agua.

Herviremos con anticipación los garbanzos, previamente
remojados desde la noche anterior en agua caliente con
sal. Remojaremos las ñoras en agua templada para que
se ablanden.

Pondremos al fuego una cazuela de barro con el aceite,
los ajos y las ñoras (escurridas). Cuando comience a hervir
el aceite rasparemos las ñoras con una cuchara de palo
para que suelten la piel y procurando que ésta no se pegue
a la cazuela; así que los ajos estén dorados los retiraremos
del aceite, lo mismo que la piel de las ñoras.

Pasaremos a la cazuela los garbanzos cocidos y escurridos,
una cucharada de perejil cortado muy menudo y los ajos
machacados y desleídos con un poco de agua, y dejaremos

hervir todo hasta que se consuma el agua; en ese punto cascaremos los huevos en una taza y lo echaremos a la cazuela con cuidado de no romper la yema. Sazonaremos con sal, incorporaremos las cebollitas partidas por la mitad y dejaremos en en el fuego hasta que la clara esté cuajada.

116. Huevos a la vasca

Ingredientes para 4 personas :

8 huevos crudos
4 dientes de ajo
4 cucharaditas de café llenas de harina
Unas ramas de perejil
Pimienta
1 monojo de espárragos
400 gramos de arvejillas (guisantes) desgranadas
4 tazas de desayuno llenas de caldo de carne
4 rebanadas de pan
8 cucharadas soperas llenas de aceite
Sal fina
Pimienta en polvo.

En cazuelitas de barro individuales con el aceite repartido entre ellas, freiremos los ajos, retirándolos a continuación; repartiremos en ellas las arvejillas, que serán bien tiernas, y los espárragos frescos y raspados partidos en trocitos: rehogaremos sazonándolo con sal y pimienta, pondremos una cucharadita de harina en cada cazuela, cubriendo con caldo. Cocerá lentamente hasta que estén tiernos. Ya cocidos los guisantes y espárragos, se van cascando los huevos en la cazuela; se dejan en el fuego hasta que cuajen las claras.

Se sirven a continuación espolvoreados con perejil picado y una rebanadita de pan frito en cada cazuela.

117. Huevos duros con arvejillas (Guisantes)

Ingredientes para 4 personas :

8 huevos duros
1 lata de arvejillas o ½ kilo si son frescas
1 cebolla
Perejil picado
Aceite
Harina

Picaremos bien la cebolla y freiremos con aceite abundante. A los 5 minutos le agregaremos la lechuga picada y se deja cocer durante 10 minutos más, añadiéndose la harina (una cucharada), mezclándolo todo muy bien durante medio minuto.

Pondremos allí los huevos duros partidos por la mitad y con la yema hacia abajo y se van echando 8 cucharadas de agua hirviendo una a una.

Agua
1 lechuga
Sal
Pimienta en polvo.

Infredientes para 4 personas:

6 huevos crudos
200 gramos de tomates frescos
6 pimientos morrones frescos o de lata
200 gramos de setas frescas
100 gramos de jamón sin grasa
1 diente de ajo
Unas ramas de perejil
Aceite
Sal.

Ingredientes para 4 personas:

6 huevos crudos
150 gramos de bacalao seco
2 dientes de ajo
3 pimientos verdes medianos
Unas ramas de perejil
7 cucharadas soperas llenas de aceite
Sal.

Muy popular y típica en la región del Goyerri.
Ingredientes para 4 personas:
8 huevos crudos

Entonces agregaremos sal y pimienta y las arvejillas. Espolvorearemos el perejil por encima y a los pocos minutos de hervir, serviremos.

118. Tortilla vasca

Echaremos en una sartén, con aceite, el diente de ajo muy picado, el tomate pelado y reducido a puré y lo freiremos un poco, añadiéndole los pimientos partidos a trozos y el jamón cortado a cuadraditos, y también las setas limpias y partidas. Sazonaremos con un poco de sal, teniendo en cuenta que el jamón ya la lleva, y lo dejaremos en el fuego unos diez o doce mintos, mezclándolo con los hueos bien batidos y cuajando la tortilla en una sartén con aceite. La doraremos bien por ambos lados. La serviremos rápidamente una vez que esté hecha.

119. Tortilla de bacalao a la donostiarra

Pondremos el bacalao a remojo en agua el día anterior. Una vez desalado lo desharemos, quitándole las espinas y la piel. En una sartén con el aceite echaremos los pimientos limpios y partidos en pequeños trozos, y los freiremos añadiéndoles también los ajos y el perejil picados. A continuación agregaremos el bacalao y freiremos todo bien, añadiendo los huevos bien batidos con un poco de sal (teniendo en cuenta que el bacalao ya tiene algo). Doraremos la tortilla por ambos lados y la serviremos muy caliente.

120. Tortilla de «picacha» (sangrecilla)

Estrujaremos bien la sangre en la mano y la apretaremos hasta lograr con ella una masa. Cortaremos después los intestinos en trozos pequeños y los mezclaremos con la sangre y la guindilla, reservándolo en un plato.

300 gramos de sangre de cordero
100 gramos de intestino de cordero
1 cebolla gorda
½ guindilla
Sal
6 cucharadas soperas llenas de
aceite.

Pondremos el aceite en una sartén y añadiremos la cebolla picada; así que esté frita, agregaremos el contenido del plato y lo haremos a fuego lento durante 15 minutos. A continuación verteremos los huevos bien batidos en la sartén y cuajaremos una tortilla de forma alargada.

121. Tortilla a la navarra

Ingredientes para 4 personas:

6 huevos crudos
1 kilo de patatas
1 cebolla mediana
2 tomates maduros
4 cucharadas soperas llenas de
manteca de cerdo
4 cucharadas soperas llenas de
aceite
Sal.

Pelaremos y partiremos las patatas en cuadraditos, sazonándolas con un poco de sal y las haremos freír en una sartén con mitad aceite y mitad manteca de cerdo: cuando estén medio fritas las patatas les añadiremos la cebolla picada y a continuación los tomates pelados y picados. Ya en su punto, rectificaremos de sal, añadiendo los huevos bien batidos, y formaremos la tortilla dorándola bien. Aconsejamos servirla muy caliente.

122. Tortilla estilo Irún

Ingredientes para 3 personas:

5 huevos crudos
75 gramos de jamón sin grasa
75 gramos de setas frescas
2 pimientos medianos verdes o
rojos frescos
100 gramos de manteca de cerdo
Unas ramas de perejil
Sal fina
Pan.

Pondremos en una sartén un poco de la manteca y en ella freiremos el jamón, cortado a pedacitos, añadiremos las setas, limpias y troceadas, los pimientos sin pepitas y cortados a cuadritos y lo rehogaremos todo muy bien. Añadiremos sal y perejil picado.

Batiremos bien los huevos y con el conjunto de la sartén haremos una tortilla plana redonda, bien dorada por ambos lados, en manteca caliente.

Con el pan haremos triángulos que también doraremos en manteca.

Serviremos la tortilla en el centro de una fuente-plato y poniendo alrededor los triángulos de pan frito.

123. Tortilla Euskalduna

Ingredientes para 4 personas :

8 huevos crudos
4 higadillos de pollo o gallina
1 cebolla mediana
50 gramos de mantequilla
1 vaso de vino lleno de vino
blanco seco
Sal
Pimienta en polvo.

Limpiaremos perfectamente los higadillos de telillas o adherencias y de la hiel, y los cortaremos en trocitos pequeños.

Prepararemos la cebolla cortada en tiras finas y la freiremos en parte de la mantequilla, cuando la veamos casi hecha añadiremos los higadillos y el vaso de vino, sazonándolo con un poco de pimienta y sal.

Batiremos bien los huevos y cuajaremos una tortilla alargada, como la francesa pero gruesa, con el resto de la mantequilla. A esta tortilla que nos saldrá grande) le haremos una hendidura en su centro, a todo lo largo, colocando en ella los higadillos hechos anteriormente con todo su jugo. La serviremos muy caliente.

124. Tortilla de merluza

Ingredientes para 4 personas :

8 huevos crudos
400 gramos de merluza en un so
trozo
Agua
Sal
Unas ramas de perejil
400 gramos de cebollas
Aceite
1 vaso de vino lleno de vino
blanco
½ hoja de laurel.

Limpia la merluza, la coceremos en un caldo corto compuesto por 3 tazas de agua, el vino, sal, la hoja de laurel y un poco de perejil. Una vez cocida la merluza la desmenuzaremos bien quitando piel y espinas.

Pondremos al fuego una sartén con abundante aceite y en ella freiremos las cebollas, peladas y muy cortadas a trozos pequeños y con sal. Haremos bien la cebolla pero sin que llegue a dorarse (si se tuesta, amarga).

Una vez hecha la cebolla le uniremos la merluza batiremos bien los huevos y cuajaremos una tortilla alargada blanda y jugosa.

125. Tortilla de espinacas

Ingredientes para 4 personas :

6 huevos crudos
1 kilo de espinacas frescas

Picadas y bien lavadas las espinacas, las herviremos en agua y sal: una vez hechas, las escurriremos bien, rehogándolas en una sartén con aceite y la cebolla pelada y finalmente

1 cebolla mediana
Aceite
Sal
Agua.

picada. Las picaremos un poco con un tenedor mientras se hacen.

En otra sartén pondremos aceite y cuando esté caliente echaremos los huevos batidos, añadiendo en seguida las espinacas y cuajando la tortilla plana, dándole la vuelta para dorarla por ambos lados y sirviéndola rápidamente una vez que está hecha.

126.   Tortilla de setas de Orduña

Ingredientes para 4 personas:

8 huevos crudos
100 gramos de jamón sin grasa
350 gramos de setas de Orduña
2 dientes de ajo
Unas ramas de perejil
Aceite
Sal.

Limpiaremos bien las setas lavándolas en varias aguas, las escurriremos, secándolas con un paño y las echaremos sal, friéndolas en aceite bien caliente, junto con el jamón partido, los ajos y el perejil, ambos muy picados.

Batiremos los huevos y les echaremos un poco de sal, mezclándolos con las setas y el jamón frito. Formaremos la tortilla, dorándola por los dos lados, pero dejándola muy jugosa en su interior y la serviremos.

127.   Revuelto de huevos a la vasca

Ingredientes para 3 personas:

6 huevos crudos
3 cucharadas soperas llenas de miga de pan desmigada
$\frac{1}{2}$ kilo de tomates frescos
100 gramos de tocino
2 pimientos verdes frescos
Pimienta en polvo
6 cucharadas soperas llenas de aceite
Sal.

Pelaremos los tomates y los limpiaremos de semillas, partiéndolos a trocitos. Asaremos los pimientos ligeramente para pelarlos y, limpiándolos de semillas, los partiremos a tiras. En una sartén con el aceite echaremos el tocino cortado a cuadraditos, y lo doraremos un poco, añadiéndole el tomate y los pimientos. Rehogaremos a fuego lento hasta que estén hechos los tomates y sazonaremos con sal y pimienta, agregando la miga de pan y los huevos batidos, procediendo a cuajar la tortilla. Servirla a continuación.

128. Revuelto de huevos con cepes

Ingredientes para 4 personas:

6 huevos crudos
600 gramos de cepes (setas frescas)
Unas ramas de perejil
Aceite
1 diente de ajo
Sal.

Limpiaremos los cepes y los partiremos a pedazos, echándoles sal.

En una sartén grande, con aceite ya caliente, pondremos los cepes y rehogaremos bien picándoles el diente de ajo muy menudo y el perejil. Después de consumir el caldo que sueltan al freírse añadiremos los huevos bien batidos, formando como un revuelto y serviremos inmediatamente.

Esta receta, muy típica del País Vasco, puede hacerse también con cualquier otra clase de setas, muy indicadas las setas llamadas de Orduña.

129. Revuelto de huevos con pimientos frescos

Ingredientes para 4 personas:

6 huevos crudos
1 kilo de pimientos verdes frescos
10 cucharadas soperas llenas de aceite
Sal.

Prepararemos los pimientos verdes cortando su rabo y quitándoles las semillas. Los cortaremos a cuadritos o a tiras muy pequeñas y finas y los espolvorearemos con sal friéndolos, a continuación, con una sartén con el aceite y tapados, al objeto de que se forme vaho dentro de la sartén. Deben cocerse en aceite, no arrebatarse y freírse mucho y esto dependerá, así como el tiempo que tarden en hacerse, de la calidad del pimiento; los hay más blandos y más duros.

Cuando estén hechos batiremos muy bien los huevos, retiraremos un poco de grasa y haremos el revuelto sirviéndolo rápidamnte.

130. Revuelto de huevos con espárragos

Ingredientes para 4 personas:

6 huevos crudos
12 espárragos naturales
4 cucharadas soperas llenas de aceite
Sal
Agua.

Una vez limpios los espárragos los herviremos en una cazuela con agua y sal, ya cocidos, bien escurridos, cortaremos la parte dura, dejándoles tan sólo lo mejor del espárrago. Si deseamos hacer esta receta con espárragos de lata procederemos de igual modo pero omitiendo el hervido.

Los rehogaremos en una sartén, al fuego, con el aceite, y así que den un ligero hervor en la grasa echaremos los huevos bien batidos procediendo a hacer el revuelto rápidamente.

131. Pisto a la bilbaína, 1.ª forma

Ingredientes para 4 personas:

2 calabacines medianos (500 gramos de peso)
3 tomates maduros
4 huevos
100 gramos de jamón con un poco de grasa
1 cebolla mediana
2 dientes de ajo
Sal
Aceite
Pan del día anterior
2 pimientos verdes.

Pelaremos los calabacines y los cortaremos a cuadros, pelaremos también el tomate y lo reduciremos a puré en crudo. El jamón con su grasa lo cortaremos a trozos muy pequeños, la cebolla pelada la trincharemos fina, así como los dientes de ajo.

A los pimientos, quitándolos rabo, y pepitas, los trocearemos.

En una sartén con bastante aceite freiremos primero la cebolla, echaremos después el calabacín que se haga lentamente tapando la sartén y más tarde agregaremos los tomates, el jamón, el diente de ajo y los pimientos, salando todo discretamente, pues el jamón ya tiene algo de sal.

Cuando todo esté hecho, y al minuto de ir a sacarlo a la mesa, batiremos los huevos y procederemos a echarlos a la sartén dando vueltas continuamente hasta que se cuajen.

Serviremos el pisto en una fuente y lo adornaremos con triángulos de pan frito.

132. Pisto a la bilbaína, 2.ª forma

Ingredientes para 3 personas:

1 calabacín (350 gramos de peso)
1 cebolla mediana
4 huevos
3 tomates maduros
2 pimientos rojos de lata
Sal
8 cucharadas soperas llenas de aceite.

Pelaremos y picaremos la cebolla friéndola en una sartén con 4 cucharadas de aceite y añadiendo, cuando esté a medio hacer, el calabacín pelado y cortado a trozos pequeños y los pimientos de lata cortados a cuadritos, así como un poco de sal; cuando todo esté bastante frito incorporaremos los tomates mondados y picados, dejando la sartén a poco fuego, para que se haga lentamente.

Batiremos los huevos con un pellizco de sal y, en otra sartén con el resto del aceite, los cuajaremos. Así que estén empezando a tomar cuerpo les uniremos el contenido de la otra sartén, revolveremos y serviremos rápidamente.

133. Pisto a la bilbaína, 3.ª forma

Ingredientes para 4 personas:

2 calabacines o 1 grande (200 gramos de peso)
200 gramos de cebolla picada
200 gramos de pimientos verdes frescos
200 gramos de tomates frescos
200 gramos de pimientos rojos frescos
2 patatas cocidas
1 huevo duro
4 huevos crudos
10 cucharadas soperas llenas de aceite
Sal.

Pelaremos los calabacines y los picaremos a cuadros. A los pimientos rojos y verdes les quitaremos rabo y pepitas procediendo a cortarlos a tiras finas. Los tomates, una vez pelados, se triturarán con el tenedor. Ya todo preparado echaremos el aceite en una sartén o cazuela honda y empezaremos por freír la cebolla, echando después todos los ingredientes preparados y un poco de sal. Todo se rehogará perfectamente. Cuando veamos que está ya hecho le incorporaremos las patatas peladas y cortadas a cuadros y los huevos bien batidos. Sirviéndolo rápidamente y adornado con el huevo duro picadito por encima.

134. Piperrada o piperada (cocina vasco-francesa)

Ingredientes para 4 personas:

6 huevos crudos
Aceite
6 pimientos rojos gordos
Aceite
Sal
Pimienta blanca en polvo
Triángulos de pan del día anterior.

En primer lugar asaremos pimientos enteros, a las parrillas, sobre el fuego o en el horno. Una vez asados los envolveremos en un paño para que suden.

Tibios, no fríos, los pelaremos, y quitaremos bien las semillas haciéndolos a tiras lo más iguales posible; estas tiras las pasaremos al grifo del agua para que queden bien limpias. Ya escurridas las freiremos en la cazuela con bastante aceite, sal y pimienta.

Batiremos los huevos con una pizca de sal y los echaremos sobre los pimientos revolviendo todo, y procurando a la vez que no se rompan los pimientos. Debe quedar como un revuelto.

Serviremos la piperrada con los triángulos de pan fritos en aceite.

135. Piperrada con huevos fritos (cocina vasco-francesa)

Ingredientes para 4 personas:

4 pimientos rojos gordos
3 tomates rojos
4 huevos
100 gramos de manteca de cerdo
Sal
1 cebolla mediana.

Asaremos los pimientos y los pelaremos cortándolos a tiras. Picaremos finamente la cebolla y la echaremos a una cazuela de barro con manteca de cerdo, añadiéndole los tomates pelados y desmenuzados.

En una sartén freiremos las tiras de los pimientos, también con manteca de cerdo.

Todo frito, reuniremos la cebolla y los tomates, echaremos sal y dejaremos que vayan haciéndose 40 minutos, aproximadamente, moviendo la cazuela de vez en cuando para que no se agarren.

Freiremos los huevos en manteca de cerdo y cuando sirvamos la piperrada, los colocaremos sobre ésta.

136. Piperrada con jamón de Bayona (cocina vasco-francesa)

Ingredientes para 4 personas:

4 pimientos rojos gordos
6 huevos
3 tomates maduros
4 lonchas de jamón de Bayona
Aceite
Sal
Pimienta blanca en polvo
2 dientes de ajo
1 cebolla mediana
2 cucharadas soperas llenas de perejil fresco muy picado.

Preparar los pimientos rojos asándolos y sin piel, ni pepitas, cortados a tiras largas. Una vez todos así los freiremos, junto con la cebolla pelada y picada, en bastante aceite y a fuego lento. Cuando estén ya casi hechos incorporaremos los tomates, pelados y trinchados, y los dejaremos que sigan su cocción.

Aparte, en una sartén con un poco de aceite, freiremos las lonchas de jamón y las colocaremos, una vez fritas, en una fuente.

Batiremos los huevos con una pizca de sal. Echaremos sal y pimienta blanca al preparado anterior y le incorporaremos los huevos mezclándolo perfectamente. Una vez cuajados los huevos verteremos la piperrada sobre el jamón, cubriéndola con perejil picado.

137. Piperrada vasco-francesa

Ingredientes para 4 personas:

6 huevos
Sal fina
Pimienta blanca en polvo
50 gramos de tocino de jamón
500 gramos de tomates rojos
frescos
2 pimientos verdes medianos
1 taza de desayuno llena de miga
de pan
1 vaso de vino lleno de leche
4 tajadas de jamón serrano sin
grasa
2 cucharadas soperas llenas de
mantequilla.

Pelados los tomates y partidos a trozos, los freiremos en el tocino de jamón que previamente habremos derretido en una sartén o cazuela puesta al fuego; a medio hacer añadiremos los pimientos verdes sin rabo ni simientes y cortados a tiras. Echaremos sal y pimienta y los dejaremos hacer, poco a poco, a fuego lento unos 15/20 minutos.

La leche tibia nos servirá para mojar la miga de pan que, una vez blanda y escurrida, incorporaremos a los tomates y pimientos. Batiremos los huevos y los echaremos a la piperrada, dando vueltas rápidamente.

Freiremos en la mantequilla las tajadas de jamón y una vez fritas las serviremos sobre la piperrada.

Capítulo VI

BACALAO

138. Bacalao a la bilbaína

Ingredientes para 3 personas:

½ *kilo de buen bacalao*
2 guindillas
1 cucharada sopera llena de
mantequilla
2 cucharadas soperas llenas de
aceite
2 cebollas medianas
1 diente de ajo
50 gramos de jamón
2 huevos cocidos
Azúcar
Agua.

El bacalao, partido en trozos, lo habremos puesto a remojo ocho o diez horas antes, junto con las guindillas.

En una cazuela al fuego con la mantequilla y el aceite freiremos una de las cebollas y el jamón, todo picadito. Una vez dorado echaremos una jícara de agua y las guindillas picadas, pasándolo por el tamiz y agregando las dos yemas de los huevos cocidos deshaciéndolas con los dedos, y una cucharadita de azúcar y volviendo de nuevo a la cazuela. Pondremos el bacalao a cocer en agua con la otra cebolla y el ajo. Cuando esté casi hecho lo escurriremos y quitaremos las espinas sin romperlo, agregándolo a la salsa. Dejaremos cocer con la salsa unos minutos para que termine la cocción y tome su gusto, sirviéndolo en la misma cazuela.

139. Bacalao a la parrilla

Ingredientes para 4 personas:

8 trozos de buen bacalao (con un
peso aproximado de 700 a 750
gramos)
1 cebolla gruesa
2 dientes de ajo
2 cucharadas soperas llenas de
pimentón encarnado dulce o
picante
6 cucharadas soperas llenas de
aceite.

Para esta preparación no es necesario poner a remojo el bacalao, simplemente lo asaremos a la plancha o a la parrilla y, una vez asado, lo desmenuzaremos quitándole a la vez las espinas y pieles y procediendo a lavarlo perfectamente en agua fría; una vez lavado lo estrujaremos con las manos para que eche fuera toda el agua.

Pondremos el aceite en una sartén, al fuego, y en ella freiremos los dientes de ajo pelados y enteros; una vez dorados los retiraremos e incorporaremos la cebolla pelada y trinchada; una vez que esté rehogada la cebolla echaremos el bacalao y le daremos una vuelta en la sartén con la cebolla.

La gracia de este plato consiste en servirlo recién hecho.

140. Bacalao a la khasera

Ingredientes para 4 personas:
8 trozos de buen bacalao (con un
peso aproximado de 700 a 750

Pondremos a remojo el bacalao unas 12/14 horas en agua fría. Fuera del agua el bacalao guardaremos parte de este agua para hacer la receta.

gramos)
¼ de kilo de pan atrasado
1 cabeza de ajos pequeña
Agua
1 cucharada sopera llena de
perejil fresco picado
Aceite
Pimienta en polvo.

Desmigaremos el pan no muy pequeño y le incorporaremos los dientes de ajo, pelados y picados y el perejil, añadiéndole un poco de pimienta.

En una fuente de horno, aceitada, pondremos las tajadas de bacalao y sobre ellas, el pan con los ajos y el perejil, terminando por regar el conjunto con abundante aceite. Haremos el bacalao al horno y, a mitad de su cocción, le añadiremos 12 cucharadas soperas llenas del agua del remojado del bacalao, y que ya teníamos separadas. El bacalao se hará al horno de 25 a 30 minutos, sirviéndolo a continuación.

141.   Bacalao a la vizcaína, 1.ª forma

Ingredientes para 8 personas:

1 kilo y ½ de bacalao de muy
buena calidad
¼ de litro de aceite
80 gramos de manteca de cerdo
50 gramos de tocino fresco
16 ñoras (pimientos secos)
5 cebollas gordas mejor que sean
blancas
3 ramitas de perejil
3 dientes de ajo
75 gramos de miga de pan de la
víspera
½ guindilla (sólo si gusta que
pique)
Agua
Sal.

Empezaremos por preparar la salsa en una cazuela de barro grande echando en ella el aceite, la manteca y el tocino, éste cortado a trozos pequeños; así que la grasa esté caliente y el tocino casi derretido, añadiremos las cebollas, peladas y muy picadas, los ajos (pelados y enteros) y el perejil picado, dejándolo cocer lentamente por espacio de una hora. Las cebollas quedarán como puré pero sin llegar a tostarse.

Las ñoras las pondremos a remojo cortadas, y sin pepitas, en agua templada más bien caliente unas 2 horas. Pasado ese tiempo las incorporaremos a la salsa, junto con un poco de agua, y la miga de pan de la víspera. Sazonaremos con sal y si hemos elegido poner guindilla, este es el momento de echarla. Pasaremos la salsa por un tamiz, la volveremos a echar a la cazuela de barro y en ella, caliente, incorporaremos el bacalao cortado a trozos y limpio de escamas y espinas y bien secos los trozos con un paño.

Estos trozos de bacalao irán con la piel hacia arriba y la salsa debe cubrir bien el bacalao. Que hierva unos 10/15 minutos cuidando mucho que no se pegue.

Esta receta queda mejor si se prepara el bacalao la víspera y, al ir a comerlo, se recalienta

142. Bacalao a la vizcaína, 2.ª forma

Ingredientes para 4 personas:

8 trozos de buen bacalao (con un peso aproximado de 700 a 750 gramos)
60 gramos de tocino de jamón
2 dientes de ajo
2 huevos duros
½ litro de aceite
Sal
10 ñoras (pimientos secos)
½ kilo de cebollas gordas
4 rebanadas delgadas de pan.

Pondremos a remojo el bacalao, en agua fría, la víspera, cambiándole varias aguas.

Para hacer la salsa colocaremos una sartén grande al fuego y en ella echaremos el aceite y el tocino de jamón, muy trinchadito; así que esté frito añadiremos las rebanadas de pan, que se frían bien, uniremos también en la sartén los ajos bien pelados y picados y las cebollas peladas y trinchadas. Todo ello debe rehogarse, a fuego bajo, pero que se haga sin tomar color y evitando, sobre todo, que se queme. Cuando la cebolla veamos está de un tono tirando a gris le incorporaremos las yemas de los huevos duros.

Limpiaremos bien las ñoras y, sin pepitas ni rabo, las abriremos por la mitad remojándolas en agua caliente hasta que las veamos blandas. Cuando lo estén las retiraremos para sacar, con ayuda de una cuchara, toda la pulpa o carne de su interior y echando ésta a la salsa que tenemos en la sartén.

Cuando todo esté a modo de un puré espeso, lo colaremos por un chino, aplastándolo bien para sacar todo su jugo; la salsa quedará bastante espesa y de un color rojizo oscuro. Se aconseja echar en el chino los pellejos de las ñoras, para así aprovechar al máximo toda la carne que puedan tener. Esta salsa la verteremos a una cazuela honda de barro.

El bacalao, puesto en una cazuela con el agua de su remojado, lo colocaremos sobre el fuego y dejaremos que empiece a hervir; sólo empezar, pues no debe romper el hervor; retirándolo rápidamente del fuego y del agua y escurriéndolo bien.

Pondremos los trozos de bacalao en la cazuela de barro donde tenemos la salsa de forma que ésta los cubra perfectamente y, en ella, hervirán unos 10 minutos cuidando mucho que no se peguen.

Se recomienda preparar este plato de un día para otro, y al ir a presentarlo a la mesa, calentarlo mucho pero sin llegar a hervir.

143. Bacalao a la barranquesa

Ingredientes para 4 personas:

8 trozos de buen bacalao (con un peso aproximado de 700 a 750 gramos)
10 cucharadas soperas llenas de aceite
800 gramos de tomates frescos maduros
1 cebolla grande
Sal
Agua
2 ñoras (pimientos secos).

Ya remojado el bacalao desde la víspera, lo espumaremos con un poco de agua y lo escurriremos perfectamente.

Asaremos los tomates y les quitaremos la piel, desmenuzándolos mucho con un un tenedor.

Pelaremos y picaremos la cebolla rehogándola en el aceite puesto en una sartén al fuego y añadiéndole el tomate ya preparado, y las ñoras, remojadas y cortadas a trozos. Pondremos el bacalao en una cazuela de barro, echándole encima la salsa de cebolla, tomate y ñoras pasada por el chino. Dejaremos que cueza a fuego lento moviendo la cazuela para evitar que se pegue.

144. Bacalao a la bearnesa (cocina vasco-francesa)

Ingredientes para 4 personas:

750 gramos de buen bacalao en un trozo
400 gramos de alubias blancas secas
Agua
Sal
Pimienta blanca en polvo
2 cucharadas soperas llenas de aceite
2 cucharadas soperas llenas de manteca de cerdo
2 puerros gordos
3 dientes de ajo
Un poco de perifollo
3 cucharadas soperas llenas de perejil picado.

La noche anterior pondremos a remojo, por separado, el bacalao en un trozo y las alubias. Al día siguiente pondremos a cocer las alubias en un poco de agua (la justa) y, una vez cocidas las escurriremos reservando una taza de las de desayuno de su caldo.

El bacalao, con el agua de su remojo, lo espumaremos sobre el fuego, o sea que empezará a echar espuma sin llegar a hervir. Lo escurriremos y quitaremos piel y espinas, cortándolo a trozos más bien pequeños.

Echaremos el aceite y la manteca en una cazuela de barro y en ella incorporaremos los puerros, pelados y picados, y los dientes de ajo, pelados y aplastados en el mortero. Cuando esté todo dorado añadiremos la taza del caldo de cocer las alubias, una cucharada de perejil picado el perifollo y las alubias. Todo esto hervirá a fuego lento unos 15/20 minutos. Las alubias cocerán pero no deben deshacerse.

Incorporaremos el bacalao, que mezclaremos bien, con

las alubias, y dejaremos que la cazuela hierva poco a poco. Añadiremos un poco de pimienta y probaremos de sal.

Serviremos el bacalao en la misma cazuela y cubierto con el resto del perejil picado.

145. Bacalao al pil-pil (o bacalao ligado)

Ingredientes para 4 personas :

8 trozos de bacalao de clase extra (con un peso aproximado de 700 a 750 gramos)
¼ de litro de aceite muy fino o acaso más
4 dientes de ajo gordos.

Para el éxito de esta receta el bacalao debe ser muy bueno y muy tierno. Las partes laterales finas y flexibles son, sin duda, las mejores.

Una vez desalado el bacalao en agua, 12 horas como mínimo, procederemos a su escamado en la última agua del remojo. Una vez escamado lo colocaremos sobre un paño quitándole, con mucho cuidado, las espinas.

Echaremos en una cazuela el aceite (cazuela de barro muy plana) y en ella freiremos los ajos pelados y cortados a rodajitas; cuando estén dorados los retiraremos reservándolos y echaremos a la cazuela los trozos de bacalao con la piel hacia el fondo y unos junto a otros, nunca encima. Que se hagan muy lentamente, y moviendo la cazuela sin parar pero suavemente de forma que el aceite espese y se una a la gelatina que desprende el bacalao. Debe comenzar a hervir pero muy poco, sólo romper el hervor.

Servir en la misma cazuela con los ajos dorados por encima, recién hecho y muy caliente.

146. Bacalao al ajoarriero (cocina navarra)

Ingredientes para 4 personas :

750 gramos de buen bacalao
Aceite
Manteca de cerdo
1 lata y media de tomates
200 gramos de pimientos rojos del pico

Pondremos a remojar el bacalao el día anterior, cambiándole el agua varias veces. A la mañana siguiente lo desmigaremos y laveremos en agua fría poniéndolo en una escurridora. Le exprimiremos todo el agua hasta que esté seco.

Pondremos los pimientos del pico en crudo en una cazuela con aceite y un diente de ajo y un poco de sal. Dejaremos hacer poco a poco.

2 cebollas gordas
2 dientes de ajo
4 patatas
Unas ramas de perejil
1 pimiento verde
4 ñoras (pimientos secos)
1 guindilla
1 cucharadita de azúcar
Sal
4 dientes de ajo.

En otra cazuela echaremos aceite y una una cebolla pelada y troceada, un pimiento verde, y cuando esté frito, echaremos el tomate de lata y más tarde sal y azúcar. Una vez hecho lo pasaremos por el chino.

Freiremos las patatas peladas y cortadas muy menudas y cuando ya estén casi hechas añadiremos la otra cebolla bien picada. Desharemos los pequeños trozos de patata hasta unir los ingredientes y los echaremos en una cazuela de barro, donde haremos el ajoarriero.

Freiremos el bacalao, en abundante aceite y manteca de cerdo (a partes iguales) con los dientes de ajo; una vez dorados les echaremos a la cazuela donde está la patata, añadiremos los pimientos a trozos, el tomate y las ñoras, previamente remojadas, revolviendo constantemente. Añadir también el perejil picado, y mantener al fuego un cuarto de hora. Poner la sal a gusto.

Se puede servir en la misma cazuela o bien pasarlo a cazuelitas individuales.

147. Bacalao con espinacas

Ingredientes para 4 personas:
750 gramos de buen bacalao en un trozo
2 cebollas gordas
4 cucharadas soperas llenas de aceite
Sal
1 vaso de agua lleno de leche
1 cucharada sopera llena de manteca de cerdo
500 gramos de patatas
1 kilo de espinacas
Unas ramas de perejil
Agua.

Prepararemos un puré de patatas, cociendo éstas en agua ligeramente salada. Una vez limpias las espinacas lo herviremos un par de minutos en agua caliente salada.

Remojaremos el bacalao, lo herviremos también y una vez cocido y escurrido lo desharemosa tiras.

En una cacerola con el aceite freiremos las cebollas peladas y picadas y cuando tomen color, les incorporaremos el bacalao, removiendo bien y añadiendo el puré de patatas así como las espinacas bien picadas. Agregaremos la cucharada de manteca de cerdo y el vaso de leche, removiendo hasta que todo esté unido y se ponga duro.

Lo serviremos en una fuente adornado con el perejil picado finamente.

148. Bacalao con leche y almejas (cocina navarra)

Ingredientes para 4 personas:

750 gramos de bacalo de excelente calidad en un solo trozo
400 gramos de almejas
½ cebolla mediana muy picada
¼ de litro de leche o un poco más
Unas ramas de perejil
3 patatas
3 dientes de ajo
2 cucharadas soperas llenas de harina
Aceite
2 huevos cocidos
Sal
Pimienta blanca en polvo
Agua.

El bacalao lo habremos puesto a remojo 24 horas antes, y durante ese tiempo le cambiaremos el agua varias veces; en la última agua de su remojado lo arrimaremos al fuego para el espumado, lo escurriremos y desmenuzaremos perfectamente (también puede hacerse prescindiendo del espumado). Una vez desmenuzado lo reservaremos.

Echaremos un poco de aceite en una cazuela de barro puesta al fuego y, en ella, doraremos la cebolla; una vez que tome color incorporaremos el bacalao y que se rehogue perfectamente, hasta soltar toda el agua que pudiese tener, añadir una de las dos cucharadas de harina. Majaremos los ajos y el perejil en el mortero, les incorporaremos la leche, uniéndolo bien y el resto de la harina y lo echaremos todo a la cazuela del bacalao para que hierva con él.

Pelaremos y picaremos las patatas a cuadros friéndolas en una sartén sobre el fuego con abundante aceite y sal. Una vez fritas, y escurridas, las añadiremos al bacalao, salaremos y pondremos un poco de pimienta.

Guisaremos las almejas a la marinera[1], y poco antes de servir el bacalao las uniremos al mismo, agregando finalmente los dos huevos cocidos pelados y bien picados por encima.

---

[1] Consultar Capítulo VIII, pág. 147: Mariscos y Crustáceos.

149. Bacalao con vino blanco

Ingredientes para 4 personas:

8 trozos de buen bacalao (con un peso aproximado de 700 a 750 gramos)
3 patatas gordas
1 vaso de agua lleno de vino blanco seco
3 dientes de ajo

Remojaremos bien el bacalao en agua fría de 12 a 24 horas; en la última agua lo espumaremos al fuego, escurriremos y dejaremos en un plato.

En una cazuela de barro puesta al fuego, echaremos el aceite y en ella freiremos los dientes de ajo, pelados y picados finamente. Incorporaremos el bacalao, las patatas peladas y troceadas, los pimientos de lata, cortados a trozos, el pimentón y el vino blanco.

4 pimientos rojos de lata
1 cucharadita de café llena de
pimentón encarnado, dulce o
picante
10 cucharadas soperas llenas de
aceite

Ingredientes para 3 personas:

½ kilo de buen bacalao en un
trozo
½ hoja de laurel
4 dientes de ajo
4 patatas regulares
Unas ramas de perejil
Pimienta blanca
8 cucharadas soperas llenas de
aceite
Sal.

Ingredientes para 4 personas:

8 trozos de buen bacalao (con un
peso aproximado de 700 a 750
gramos)

Todo a la vez. Taparemos la cazuela y que se haga lentamente de 50 a 60 minutos. Comprobaremos´y rectificaremos de sal, sirviendo el bacalao en la misma cazuela.

150. Bacalao en salsa verde

El bacalao estará remojado desde la víspera. Una vez desalado, lo cortaremos en trozos y pondremos con agua al fuego; cuando rompa el hervor lo retiraremos y dejaremos enfriar fuera del agua (reservando un poco de ésta), quitándole las espinas sin estropear los trozos de bacalao.

En una cazuela de barro con el aceite caliente echaremos los ajos y el perejil (ambos picados) y el laurel, removeremos mucho y, antes de que tomen color, añadiremos las patatas peladas y cortadas a rodajas, y un pellizco de pimienta y un poco de sal.

Incorporaremos una taza del caldo donde espumamos el bacalao, taparemos y lo dejaremos cocer unos minutos, hasta que las patatas estén a medio hacer; en ese punto agregaremos el bacalao y un poco más del caldo del espumado, si es necesario. Tanto el bacalao como las patatas tienen que quedar cubiertos.

Taparemos y que siga cociendo durante un cuarto de hora, moviendo durante ese tiempo la cazuela con ligeros vaivenes a fin de que todos los ingredients se mezclen bien y tomen cuerpo.

Pasado ese tiempo, le retiraremos el laurel y lo serviremos en la misma cazuela.

151. Bacalao a la cazuela estilo Durango

Empezaremos por hacer la salsa friendo las cebollas, peladas y picadas, en aceite. Así que estén blanditas (hechas pero no doradas) agregaremos los dientes de ajo pelados y picados, la hoja de laurel y los granos de pimienta.

6 cebollas
½ litro de caldo de pescado
3 dientes de ajo
2 granos de pimienta
1 hoja de laurel
Un poco de tomillo
Un poco de orégano
Harina
½ litro de aceite fino
Sal.

Que siga rehogándose muy despacito. Le echaremos ahora el caldo de pescado dejándolo cocer, de nuevo, hasta que se consuma este caldo a la mitad de su volumen inicial; en este punto lo pasaremos por un tamiz a un pote y lo guardaremos.

El bacalao, que estará a remojo desde la noche anterior, lo espumaremos en la última agua del remojado y, una vez bien escurrido, lo pasaremos por harina y freiremos los trozos en aceite caliente. A medida que los saquemos del fuego los dejaremos en una cazuela de barro de fondo plano. Una vez todos fritos los cubriremos con la salsa anteriormente preparada, metiendo la cazuela tapada al horno unos 20/25 minutos.

Rectificaremos de sal, recordando que en la salsa no la hemos echado.

Serviremos el bacalao en la misma cazuela.

152. Bacalao en salsa roja

Ingredientes para 4 personas:

8 trozos de buen bacalao (con un peso aproximado de 700 a 750 gramos)
50 gramos de jamón de guisar sin grasa
4 cucharadas soperas llenas de manteca de cerdo
4 cucharadas soperas llenas de aceite
2 huevos duros
Unas ramas de perejil
4 ñoras (pimientos secos)
Pimienta blanca en polvo
Sal
Azúcar

La víspera de hacer el plato pondremos a remojo el bacalao, por una parte, y las ñoras por otra, en agua.

En una cazuela de barro freiremos la cebolla pelada y finamente picada con el aceite y la manteca, añadiremos el jamón cortado a trozos pequeños, un poco de sal y pimienta, y el perejil (que retiraremos a los pocos minutos). Cuando todo esté dorado, incorporaremos un poco de agua caliente, dejándolo hervir lentamente hasta que quede muy reducido. Pasaremos esta salsa por el colador apretando bien y la volveremos a la cazuela.

Machacaremos las ñoras remojadas en el mortero con un trozo de miga de pan y las pasaremos también por un colador con poco de agua tibia a la cazuela.

Haremos otro tanto con las yemas de las huevos duros, añadiendo un poco de sal, otro poco de azúcar y reuniéndola con la primera salsa a base de cebolla. Agregaremos el bacalao espumado y sin espinas y dejaremos que se haga poco a poco en su salsa roja, cuidando mucho que no se pegue.

Serviremos en la misma cazuela de cocción.

153. Bacalao al horno

Ingredientes para 4 personas:

8 trozos de buen bacalao (con un peso de 700 a 750 gramos)
3 huevos crudos
3 patatas gordas
1 cebolla gorda
3 dientes de ajo
3 pimientos rojos de lata
1 cucharada sopera llena de perejil picado
1 taza de desayuno llena de leche
Aceite
Sal.

Remojado el bacalao desde la víspera lo espumaremos en la última agua, escurriremos y picaremos bien quitándole piel y espinas.

En una sartén, al fuego, con aceite freiremos la cebolla pelada y picada y los ajos, también pelados y picados, junto con el perejil. Cuando esté la cebolla un poco dorada incorporaremos el bacalao, rehogaremos y añadiremos la leche, dejándolo que se haga poco a poco.

Pelaremos las patatas cortándolas a cuadros, que freiremos en una sartén, con aceite, puesta en el fuego; una vez fritas las pondremos en una fuente de horno, echando sobre ellas, el bacalao.

Batiremos los huevos y los incorporaremos a la fuente del bacalao metiendo ésta a horno un poco fuerte, sólo el tiempo justo para que los huevos cuajen.

Cuando presentemos la fuente a la mesa adornaremos la superficie con los pimientos de lata cortados a tiras.

154. Bacalao a la navarra

Ingredientes para 4 personas:

8 trozos de buen bacalao (con un peso aproximado de 700 a 750 gramos)
4 rebanadas de pan del día anterior

Echaremos el aceite en una cazuela de barro puesta al fuego y en ella freiremos la cebolla pelada y picada; así que la veamos dorada le añadiremos el vino blanco, los tomates pelados y trinchados y el agua.

Salaremos discretamente, incorporando el perejil y los dientes de ajo (majados al mortero) y dejándolo hacer unos

4 tomates frescos
1 cebolla gorda
2 papeletas de azafrán en rama
3 cucharadas soperas llenas de
perejil picado
1 vaso de agua lleno de vino
blanco
2 dientes de ajo
7 cucharadas de aceite
½ litro de agua
Sal.

15/20 minutos, pasados los cuales agregaremos el bacalao escurrido del agua de su remojado y sin escamar. Esparciremos el azafrán y que cueza el bacalao en sus salsa de 10 a 15 minutos más.

Tostaremos el pan al horno y, al servir el bacalao en la misma cazuela de barro, lo pondremos encima.

155. Bacalao con pimientos frescos

Ingredientes para 4 personas:

8 trozos de buen bacalao (con un peso aproximado de 700 a 750 gramos)
600 gramos de pimientos rojos gordos
1 cabeza de ajos
2 dientes de ajo
¼ de litro de aceite
Agua
1 cucharada sopera llena de harina
Sal.

El bacalao, remojado desde el día anterior, lo escuriremos, guardando el agua y lo reservaremos.

Asaremos los pimientos al horno o a la parrilla, lo envolveremos bien con un trapo para que suden y los pelaremos haciendo tiras y cuidando no queden pepitas adheridas a ellos.

En una sartén, con aceite, freiremos los dientes de ajo pelados y muy picados y, una vez dorados, los apartaremos, echando en ese aceite los pimientos para que se rehoguen a fuego bajo, con un poco de sal, unos 20/30 minutos.

En una cazuela de barro, al fuego, y con aceite freiremos la cabeza de ajos pelada; así que se doren los ajos, agregaremos la harina y después el bacalao, revolviendo bien con la cuchara de palo. Agregaremos los pimientos, y el agua que reservamos del remojado (unas 8/10 cucucharadas soperas llenas).

Coceremos el bacalao de 25 a 30 minutos y lo serviremos.

156. Bacalao con pimientos verdes

Ingredientes para 4 personas:
8 trozos de buen bacalao (con un peso aproximado de 700 a 750 gramos)

Desalaremos (remojado) el bacalao y lo espumaremos un minuto en la última agua retirándolo en seguida, guardando parte del agua y quitándole todas las espinas.

Calentaremos abundante aceite en una sartén y freiremos

4 pimientos verdes frescos
1 cebolla gorda
2 dientes de ajo
Aceite
1 rebanada de pan frito
2 cucharadas soperas llenas de
perejil picado
1 cucharadita de café llena de
harina
Agua.

en ella la cebolla pelada y finamente picada. En cuanto se dore, le añadiremos los dos dientes de ajo y la rebanadita de pan frito, así como el perejil picado y la harina.

Bien rehogado todo incorporaremos los pimientos verdes, cortados a tiras y desprovistos de semillas y pieles. Coceremos todo junto a fuego muy lento durante unos 5/10 minutos, agregando un poco del agua de remojar el bacalao. Coceremos unos minutos y pasaremos por un colador apretando mucho para que la salsa se exprima al máximo.

Colocaremos el bacalao en una cazuela de barro plana y lo cubriremos con la salsa, poniendo la cazuela al fuego y moviéndola de vez en cuando para que no se agarre. Hervirá, lentamente, unos 40/45 minutos sin parar.

157. Bacalao con alubias blancas a la gascona (cocina vasco-francesa)

Ingredientes para 4 personas :

8 trozos de buen bacalao (con un
peso aproximado de 700 a 750
gramos)
400 gramos de cebollas muy
picadas
3 dientes de ajo
1 cucharadita de café llena de
laurel en polvo
Un poco de pimienta blanca en
polvo
8 rebanadas de pan frito
400 gramos de alubias blancas
Agua
Sal
50 gramos de manteca de vaca
12 cucharadas soperas llenas de
aceite.

El día anterior de preparar este plato pondremos a remojo en agua fría, y por separado, bacalao y alubias. El bacalao, al que cambiaremos varias veces de agua, lo pondremos sobre el fuego con la última agua de su remojado a que empiece a hervir, una vez llegado a este punto lo escurriremos y quitaremos las espinas sin romperlo, y lo reservaremos.

Las alubias también las coceremos, simplemente en agua y con un poco de sal echada ya al final de la cocción, cuando estén hechas las guardaremos con su caldo.

En una cazuela de barro pondremos aceite y la manteca de vaca, reservando un poco de ambas cosas y en ella, al fuego, freiremos bien la cebolla y los dientes de ajo pelados y machacados. Rehogaremos de forma que tomen color e incorporaremos una discreta cantidad del caldo al que habremos mezclado un cucharón de alubias trituradas para espesar, así como el laurel en polvo y la pimienta. Que cueza unos 5 minutos, pasados los cuales echaremos las alubias bien escurridas. Ahora cocerá unos 15 minutos.

Prepararemos una fuente de horno y cubriremos su fondo con las rebanadas de pan frito; sobre éstas el bacalao y por último la salsa y las alubias, añadiremos por encima algo de manteca de vaca y aceite y meteremos la fuente al horno unos 15/20 minutos.

Rectificaremos de sal cuando vayamos a servir el bacalao, en la misma fuente de cocción y, recién sacado del horno.

158. Bacalao con cebolletas

Ingredientes para 4 personas:

750 gramos de buen bacalao
6 cebolletas tiernas
Aceite
2 dientes de ajo
1 taza de desayuno llena de harina
Abundante perejil fresco
Sal
Agua.

Remojaremos el bacalao, desde el día anterior, lo escurriremos bien, lo cortaremos a trozos y pasaremos por harina, friéndolo en bastante aceite, puesto en una sartén al fuego.

Una vez frito, pero sin que esté muy dorado, lo pondremos en una cazuela de barro.

Pelaremos y picaremos las cebolletas junto con los dientes de ajo (esto lo haremos en una sartén) y le añadiremos una cucharada grande de harina, mucho perejil picado y un vasito de vino lleno de agua, agregaremos un poco de sal y lo dejaremos hervir.

Cuando la salsa haya cocido unos 8 minutos la echaremos sobre el bacalao (que tenemos ya en una cazuela de barro) y lo dejaremos cocer un cuarto de hora en esta salsa. Vigilaremos para que no se pegue al fondo.

Lo serviremos en la misma cazuela y muy caliente.

159. Bacalao con chacolí

Ingredientes para 3 personas:

500 gramos de buen bacalao
1 puerro gordo
1 cebolla gorda
8 dientes de ajo
1 hoja de laurel
1 vaso de agua lleno de chacolí

El bacalao, desalado desde la víspera, lo partiremos a trozos.

En una cazuela de barro al fuego, echaremos el aceite y freiremos primero la cebolla pelada y picada, poniendo luego 7 ajos (reservaremos uno), la hoja de laurel, los tomates pelados y trinchados, el azafrán y las patatas peladas y cortadas a trozos. Pasados 5 minutos incorporaremos el

8 cucharadas llenas de aceite
3 papeletas de azafrán en rama
6 trozos de pan fritos
Sal
2 tomates frescos
Agua
4 patatas
1 limón
Perejil fresco.

Ingredientes para 4 personas :

8 trozos de buen bacalao (con un peso aproximado de 700 a 750 gramos)
Aceite
2 huevos cocidos
400 gramos de chirlas
1 cebolla mediana
1 cucharada sopera llena de harina
2 dientes de ajo
Sal
Pimienta blanca en polvo
Abundante perejil fresco
Agua

Ingredientes para 3 personas :

500 gramos de buen bacalao
2 puerros
2 cebollas
3 dientes de ajo
2 tomates frescos
½ hoja de laurel
300 gramos de patatas
Aceite

bacalao. Removeremos y rehogaremos bien. Cubriremos con el chacolí y con un poco de agua, y echaremos la sal.

Antes de servirlo, machacaremos en el mortero el ajo apartado, junto con perejil picado, y lo inorporaremos al bacalao, regando éste con el zumo del limón. Lo presentaremos con trozos de pan frito alrededor.

160. Bacalao con chirlas[1]

Una vez remojado el bacalao, desde la víspera, lo escurriremos y desmenuzaremos muy fino.

Pelaremos y trincharemos la cebolla, la cual procederemos a freír en aceite, puesto en una cazuela de barro al fuego. Cuando la veamos dorada incorporaremos el bacalao rehogándolo bien, al objeto de que suelte todo el agua que pudiera tener.

Machacaremos en el mortero bastante perejil y le añadiremos los dientes de ajo pelados y cortados, echándolo a la cazuela del bacalao con un vasito de agua.

Echaremos sal y pimienta al bacalao, moveremos la cazuela. Coceremos aparte las chirlas en un poco de agua con sal y, poco antes de servir l bacalao, las incorporaremos a éste junto con los dos huevos duros pelados y picados.

[1] Almejas.

161. Bacalao a la pueblerina

Desalaremos durante 24 horas el bacalao (de Escocia) y lo cortaremos a pedazos, más o menos cuadrados, de unos cuatro o cinco centímetros. Este bacalao, cubierto de agua, lo arrimaremos al fuego, sin dejarlo cocer, luego lo escurriremos y lo refrescaremos separando todas las espinas que podamos sin romper los pedazos de bacalao.

Cortaremos en tiras finas las cebollas peladas y los puerros, haciéndolos rehogar en una cazuela puesta sobre el fuego con una cantidad regular de aceite; al quedar cebollas y puerros a medio rehogar, moviendo con la paleta, y añadiremos los ajos machacados y los tomates maduros trinchados (sin semillas ni pieles). Seguiremos rehogando. Le echaremos las patatas peladas y cortadas en pedazos, la hoja de laurel, y uniremos ahora el bacalao, cubriéndolo con el vaso de vino y el vaso de agua.

Taparemos la cazuela y que siga cociendo vivamente.

Momentos antes de terminar la cocción, le incorporaremos por encima perejil picado con el otro diente de ajo, y el zumo de limón, rectificaremos de sal.

Lo serviremos en la misma cazuela o bien puesto en una fuente honda colocando, a modo de guarnición, en el borde de la fuente, los triángulos de pan frito con aceite, y que antes de colocarlos en la fuente o cazuela los habremos rociado con un poco de la salsa del mismo bacalao.

NOTA: Esta receta se parece mucho a la dada anteriormente: 159. *Bacalao con chacolí*, aunque tiene algunos cambios notables que varían mucho su sabor.

162. Bacalao a la vasca

Tendremos el bacalao ya remojado desde la víspera, lo escurriremos y quitaremos las espinas y escamas con cuidado, poniéndolo en una cazuela de barro con la piel hacia arriba. Añadiremos las almejas, después de lavadas y puestas a abrir al fuego en un recipiente con media tacita de agua; el agua la pasaremos por un paño fino y añadiremos también al bacalao.

Freiremos el aceite puesto en una sartén al fuego, los dientes de ajo picados y la cebolla pelada y picada muy menuda. Agregaremos perejil machacado en el mortero, y desleído con el jerez, rehogaremos y verteremos todo sobre el bacalao, echaremos sal y lo dejaremos cocer suavemente durante 30 minutos.

Lo serviremos en la misma cazuela adornando con las tiras de pimiento.

107

163. Bacalao a la busturiana

Ingredientes para 4 personas:

8 trozos de buen bacalao (con un peso aproximado de 700 a 750 gramos)
24 puntas de espárragos naturales o de lata
Agua
1 cucharada sopera llena de harina
1 cucharada sopera llena de perejil picado
1 diente de ajo
Pimienta blanca en polvo
Sal.

El bacalao a la busturiana es muy parecido al conocido con el nombre de bacalao al pil-pil; se diferencia en que éste que nos ocupa se sirve acompañado de algunas puntas de espárragos y la salsa está espesada con un poco de harina, cosa esta última que en el pil-pil sería totalmente inadmisible. El bacalao lo escogeremos delgado, de la parte de la falda. Después de estar perfectamente remojado, desescamado y limpio, lo secaremos con un paño, guardando el agua del remojado.

En una cazuela de barro calentaremos el aceite y cuando esté caliente le mezclaremos la cucharada de harina, mezclándola bien con la grasa. Lo separaremos del fuego y dejaremos enfriar un poco, añadiéndole medio litro de agua del remojado del bacalao, dejaremos hervir la salsa, que habremos procurado deslcír bien para que no tenga grumos; en todo caso es conveniente pasarla a través de un colador después de haber dado algunos hervores.

Ya hecha la salsa colocaremos los trozos de bacalao en una cazuela de barro, con la piel del pescado hacia abajo, y los cubriremos con la salsa salpicándolos con perejil picado al que habremos mezclado el diente de ajo picado muy menudo igual que el perejil.

Añadiremos una pizca de pimienta, sal si es necesaria y las puntas de espárragos, repartidas entre los trozos de bacalao; todo ello cocerá unos minutos.

Las puntas de espárragos las adicionaremos cocidas de antemano, si son frescas, o tal cual están, si son de lata.

164. Bacalao Nervión

Ingredientes para 4 personas:

750 gramos de buen bacalao
1 cebolla gorda
1 hoja de laurel

Remojado el bacalao en varias aguas lo arrimaremos al fuego en la última agua; una vez espumado lo escurriremos reservando el agua.

En una sartén pondremos el aceite y freiremos en él

6 ñoras (pimientos secos)
2 pimientos rojos de lata
1 cucharada sopera llena de harina
2 cucharadas llenas de pan rallado
12 cucharadas soperas llenas de
aceite o perejil picado
1 diente de ajo
Un poco de tomillo.

la cebolla pelada y picada, a medio freir, añadiremos la harina, el ajo y perejil picados, laurel y tomillo. Rehogaremos e incorporaremos un poco del caldo de remojar el bacalao que ya teníamos separado para este fin. También echaremos las ñoras, remojadas y escurridas.

En una cazuela de barro pondremos el bacalao, cortado a trozos y lo cubriremos con la salsa hecha anteriormente y pasada por el chino. Comprobaremos la sal.

Repartiremos por encima los pimientos de lata cortados a tiras, espolvorearemos con perejil y pan rallado y meteremos la cazuela al horno unos 15 minutos.

165. Bacalao verde

Ingredientes para 4 personas:

750 gramos de buen bacalao
2 cebollas gordas
600 gramos de patatas
1 kilo de espinacas
1 vaso de agua lleno de leche
1 cucharada sopera llena de
mantequilla
6 cucharadas soperas llenas de
aceite
200 gramos de aceitunas
Agua
Sal.

Remojaremos el bacalao y le daremos un hervor en la última agua, escurriéndolo y deshaciéndolo a tiras.

Aparte haremos un puré espeso con las patatas.

Limpiaremos las espinacas y las daremos un hervor, reduciéndolas, ya cocidas, a pasta.

Freiremos el aceite, las cebollas peladas y trinchadas, ya doradas incorporaremos el bacalao, después el puré de patatas y la pasta de espinacas, uniremos bien y pondremos la mantequilla y la leche, trabajando sobre el fuego para que todo forme una masa única.

Lo serviremos en una fuente adornándolo con las aceitunas cortadas a trozos.

166. Bacalao zurrucutuna

Ingredientes para 3 personas:

½ kilo de buen bacalao en un trozo
2 dientes de ajo
1 decilitro de aceite
100 gramos de pan de sopa
Agua.

Asaremos sobre la plancha o en parrilla el bacalao sin remojar y lo envolveremos en un paño después de asado, restregándolo en todos los sentidos, al objeto de que el bacalao se desmenuce.

Desmigaremos después todo el bacalao, tirando las pieles y espinas y reservando el resto.

Pondremos al fuego una cazuela honda con el aceite y los dientes de ajo pelados y cortados en rajitas; cuando los ajos estén dorados los retiraremos y agregaremos a la cazuela el bacalao desmigado, le daremos una vuelta en el aceite, sobre el fuego, para que se rehogue y añadiremos el pan de sopa muy tostado.

Llenaremos la cazuela de agua y la dejaremos hervir 5 minutos, probaremos de sal y la meteremos en el horno para que se tueste. Serviremos en cuanto esté tostada la superficie.

167. Tiras de bacalao con pimientos

Ingredientes para 3 personas:

500 gramos de buen bacalao en un trozo
5 pimientos verdes frescos
1 cebolla gorda
2 dientes de ajo
1 rebanada de pan frito
10 cucharadas soperas llenas de aceite
1 cucharada sopera llena de harina
1 cucharada sopera llena de perejil picado
Sal
1 vaso de agua lleno de agua.

Remojado el bacalao 24 horas antes, lo pondremos a espumar en la última agua del remojado.

Ya espumado lo escurriremos y desharemos en tiras largas.

En una sartén al fuego calentaremos el aceite en el que freiremos la cebolla pelada y picada. En cuanto se dore, añadiremos los ajos y el pan frito, así como el perejil picado. Pondremos, finalmente, la cucharada de harina y salaremos. Bien rehogado todo, le mezclaremos los pimientos asados y despojados de pieles y simientes, dejando que cueza todo lentamente un rato; cuando esté en su punto, pasaremos esta salsa por un colador, exprimiéndola en él con ayuda de un mazo, o mano de mortero, para que se convierta en una salsa más bien espesa.

Acomodaremos el bacalao en una cazuela plana de barro, le echaremos la salsa encima y la arrimaremos al fuego, moviéndola de vez en cuando para que no se pegue dejando que hierva, lentamente, durante 45 minutos, pasados los cuales ya podemos servirlo.

Capítulo VII

PESCADOS

218. Chipirones en su tinta
219. Chipirones rellenos a la luzienne
220. Jibiones a la vascongada
221. Jibiones al estilo de Durango
222. Filetes de pescado fritos a la bilbaína
223. Sollo a la vascongada
224. Rodaballo en salsa fría
225. Palometa o Zapatero frito

226. Eskallus a la cazuela
227. Eskallus con huevo
228. Eskallus al estilo navarro
229. Dentón a la eibarresa
230 Dentón a la vasca
231. Truchas al estilo Sarobe
232. Truchas con jamón

168.   Besugo de Bermeo

Ingredientes para 4 personas:

2 besugos medianos (con un peso aproximado de 1 kilo)
8 dientes de ajo
2 cucharadas soperas llenas de vinagre de vino
Pimienta en polvo
Aceite
Sal.

Limpiaremos bien y escamaremos a la perfección los besugos, lavándolos al chorro del agua, escurriéndolos y sazonándolos con sal y un poco de pimienta, los rociaremos también con aceite, dejándolos en reposo durante media hora; a continuación les haremos unos pequeños cortes por todo el lomo.

Pondremos una sartén grande al fuego con una tacita de aceite y freiremos los ajos pelados y enteros; cuando estén dorados los retiraremos y machacaremos en el mortero, mezclándolos, poco a poco, con el aceite de freírlos, el vinagre y un poco de sal, uniendo todo muy bien.

Poco antes de servir los besugos los asaremos a la parrilla a fuego regular, untándolos con aceite mientras dura la cocción.

Ya en su punto, los pasaremos a una fuente y rociaremos con la salsa de ajo, preparada anteriormente, sirviéndolos a continuación.

169.   Besugo al vino blanco

Ingredientes para 4 personas:

1 besugo gordo o 2 más pequeños (con un peso aproximado de 1 kilo)
2 dientes de ajo
9 cucharadas de aceite fino
2 cucharadas soperas llenas de pan rallado
Unas ramas de perejil fresco
2 vasos de agua llenos de vino blanco
Sal.

Descamaremos y limpiaremos bien el besugo de tripas y raspas, secándolo con un paño y sin lavarlo al chorro del agua, lo sazonaremos con sal por dentro y por fuera.

Pondremos, al fuego, una cazuela de barro con 5 cucharadas de aceite y, así que esté caliente, le incorporaremos el pescado. A los pocos minutos le daremos la vuelta y después de un rato (10 minutos más) lo introduciremos en el horno.

Picaremos finamente los ajos y el perejil y los mezclaremos en un plato con las dos cucharadas de pan rallado, espolvorearemos esto sobre los besugos, añadiendo 4 cucharadas de aceite. Volveremos a meter la cazuela al horno, y a los 10 minutos, verteremos encima el contenido de los dos vasos de vino blanco.

Coceremos el pescado unos 20 minutos más al horno y lo serviremos a continuación.

170. Besugo al horno

Ingredientes para 4 personas :

1 besugo (con un peso aproximado de 1 kilo)
1 limón
Aceite
Sal
2 dientes de ajo
3 cucharadas soperas llenas de mantequilla
1 vaso de agua lleno de vino blanco seco
2 cucharadas soperas llenas de pan rallado
1 vaso de agua lleno de vino blanco seco.

Limpiaremos bien el besugo procurando quitarle todas las escamas, y le echaremos sal por dentro y por fuera, colocándolo en una fuente que vaya al horno y regándolo con aceite. Le practicaremos unos cuantos cortes por el lomo y en éstos introduciremos rodajas que habremos cortado del limón.

En un mortero echaremos 6 cucharadas soperas llenas de aceite, los dientes de ajo pelados y picados, el pan rallado (puede ser miga de pan), la mantequilla y el vino blanco. Esta mezcla la incorporaremos sobre el besugo al que dejaremos cocer a horno suave. De vez en cuando lo rociaremos con su propia salsa.

Pasados 20/30 minutos de cocción, el pescado estará ya en su punto.

171. Besugo a la guipuzcoana

Ingredientes para 4 personas :

1 besugo (con un peso aproximado de 1 kilo o algo más)
1 limón
Sal
3 dientes de ajo
Aceite fino.

Prepararemos el besugo con cierta antelación, comenzando por quitar las tripas y agallas y raspándolo perfectamente al objeto de que salten todas sus escamas. Una vez lavado al chorro del agua, por dentro y por fuera, lo dejaremos al aire (colgado) por espacio de 60 minutos.

Mientras, prepararemos un buen besugo para asarlo a la parrilla. Lo clásico en esta receta es el fuego de carbón de encina cuando ya está convertido en ascuas; de no tenerlo habrá que optar por el eléctrico, mejor que el de gas.

Calentaremos las parrillas bien para poner sobre ellas el besugo, frotado todo él con sal.

Con una pluma de capón (de la rabadilla del capón, según dice la receta auténtica) se irá impregnando el besugo, a medida que lo asaremos, de aceite, rociándole y rociándole según se vaya haciendo y dándole tantas vueltas como sea preciso hasta que adquiera un bonito color dorado.

Ya hecho, lo cortaremos por su mitad. Echaremos aceite en una sartén y doraremos en ella los dientes de ajo, pelados y enteros, poniéndole el zumo del limón y bañando con ello el besugo que deberemos presentarlo rápidamente para comerlo recién hecho.

172. Bocarte al pil-pil

Ingredientes para 4 personas
1 kilo de bocarte[1]
1 cabeza de ajos
1 vao de vino lleno de vinagre
$\frac{1}{4}$ litro de aceite
Sal.

Lavaremos el bocarte, quitándole la espina central y cortándole las colas, después diviremos en dos partes cada bocarte, los secaremos con un paño y salaremos.

Echaremos en una cazuela de barro el aceite y ya caliente añadiremos el pescado, agregándole también los ajos pelados y cortados en trozos pequeños.

Dejaremos freír el pescado sacudiendo la cazuela de vez en cuando para que no se agarren al fondo. A la hora de servirlo a la mesa agregaremos el vinagre.

173. Bocarte a la sidra

Ingresientes para 4 personas:
1 kilo de bocarte[1]
1 cebolla gorda
$\frac{1}{2}$ cucharada sopera llena de pimentón encarnado dulce o picante (según agrade más)
2 dientes de ajo
1 vaso de villo lleno de sidra
$\frac{1}{2}$ cucharada sopera llena de harina
1 trocito de laurel
Unas ramas de perejil
12 cucharadas soperas llenas de aceite de muy buena calidad
Sal.

Limpiaremos bien el bocarte quitándole cabeza, espina central y lavándolo al chorro del agua. Echaremos sal.

Prepararemos una cazuela de barro y en ella pondremos la mitad de la cebolla pelada y picada, uno de los dientes de ajo pelados y picados, perejil troceado, la mitad del pimentón y la mitad del laurel. Sobre esto, la mitad también de los bocartes, después otra capa de los ingredientes citados, terminando con el resto de los bocartes, el aceite, la harina y el vaso de sidra.

Meteremos la cazuela al horno hasta que el pescado esté tierno. Lo serviremos en la misma cazuela.

---

[1] Se llama bocarte a la cría de la sardina.

174. Angulas a la cazuela

Ingredientes para 1 persona:

150 gramos de angulas ya cocidas
1 diente de ajo gordo
12 cucharadas soperas llenas de
aceite de muy buena calidad
½ guindilla picante
Sal fina
Pimienta blanca en polvo.

Las mejores angulas son, sin duda, las negras. Escogeremos una cazuela individual plana y en ella, puesta al fuego, con el aceite, doraremos el diente de ajo pelado y cortado en dos y la guindilla, también cortada en 2 partes y sin semillas.

Así que el ajo se dore lo retiraremos (muchos lo dejan) y echaremos las angulas dejándolas un momento sobre el fuego vivo para que tomen calor y sin freirse mucho, pero haciendo mucho ruido, las echaremos sal y pimienta, las taparemos y las llevaremos a la mesa.

Si hiciese falta moverlas en su cocción, esto lo haremos con dos tenedores de madera y empezando siempre desde los bordes opuestos hacia el centro de la cazuela.

175. Angulas en tortilla

Ingredientes para 1 persona:

150 gramos de angulas
2 huevos crudos
1 poco de pimentón
Pimienta en polvo
2 cucharadas soperas llenas de
aceite
Sal.

Batiremos bien los huevos (mejor primero las claras a punto de nieve y después las mezclaremos con las yemas), sazonaremos con sal, un poco de pimienta y un pellizco de pimentón. En una sartén al fuego, con el aceite bien caliente, echaremos el batido y dejaremos cuajar ligeramente, formando como una tortilla, sobre ella y rápidamente echaremos las angulas ya cocidas, la doblaremos y formaremos una tortilla alargada. La dejaremos dorar bien por ambos lados y la serviremos rápidamente y bien caliente.

176. Raya en salsa verde

Ingredientes para 4 personas:

1 kilo de raya
¼ de litro de aceite más bien escaso
1 diente de ajo
3 patatas medianas

Una vez limpia y cortada a trozos la raya, la pondremos a cocer en una cazuela con el agua, el vino blanco, sal y el laurel.

En una cazuela de barro sobre fuego con el aceite, freiremos el ajo, pelado y picado y lo retiraremos una vez

116

1 cebolla mediana
1 cucharada sopera llena de perejil picado

1 cucharada sopera llena de harina
Pimienta blanca en polvo
Sal
1 hoja de laurel
1 vaso de agua lleno de vino blanco
2 vasos de agua llenos de agua.

dorado, echando entonces la cebolla pelada y trinchadísima y un poco antes que pueda tomar color, agregaremos las patatas (de las que se deshacen), peladas y cortadas a cuadritos.

Rehogaremos todo un poco moviéndolo con la espátula y añadiremos el perejil picado y la harina.

Remover y mojar con el mismo caldo en que hemos cocido el pescado; añadir a continuación los pedazos de raya, un poco de pimienta blanca en polvo y tapar la cazuela. Rectificaremos de sal y cuando las patatas estén muy cocidas, el pescado estará ya hecho y listo para servir.

A esta receta se le pueden añadir guisantes o puntas de espárragos verdes, todo cocido aparte, o ambas verduras en iguales proporciones mezcladas, o bien huevos duros pelados y picados.

177. Merluza a la bearnesa (cocina vasco-francesa)

Ingredientes para 4 personas:

1 cola de merluza (de un peso aproximado de 1.200 gramos)
1 kilo de alcachofas frescas
1 vaso de vino lleno de vino blanco seco
1 limón
Agua
Sal
Harina
2 huevos crudos
50 gramos de mantequilla
Aceite
2 cucharadas soperas llenas de pan rallado.

Limpiaremos perfectamente la cola de merluza de sus raspas y escamas, la daremos sal y rociaremos con un poco de jugo de limón, pasaremos la merluza por la harina y la colocaremos en una fuente que vaya al horno.

Batiremos las claras de los huevos y cubriremos con ellas el pescado, echándole aceite abundante y la mantequilla a trozos. Espolvorearemos con pan rallado y meteremos al horno hasta que empiece a dorarse. A media cocción añadiremos el vino blanco y volveremos a meter el pescado al horno.

Limpiaremos las alcachofas y, dándoles forma redonda, las herviremos en agua con sal y un trozo de limón.

Bien cocidas las escurriremos y dispondremos alrededor de la cola de merluza. Al momento de servirla, la presentaremos acompañada de una salsa bearnesa[1].

---

[1] Para hacer la salsa bearnesa, consultar capítulo I, receta núm. 3.

178. Merluza a la sidra

Ingredientes para 4 personas:

8 rodajas de merluza (con un peso aproximado de 800 a 1.000 gramos)
1 cucharada sopera llena de almendras molidas
1 huevo duro
2 cucharadas soperas llenas de coñac
1 pimiento rojo de lata
¼ de kilo de almejas
1 cebolla gorda
2 dientes de ajo
Unas ramas de perejil
Un vaso de agua lleno de sidra
½ limón
½ cucharada sopera llena de harina
Sal.
6 cucharadas soperas llenas de aceite.

Prepararemos las rodajas de merluza, que sean redondas y gruesas y las rociaremos con limón, dejándolas unos cinco minutos; a continuación las sazonaremos con ajo picado.

En la sartén con aceite al fuego, freiremos la cebolla pelada y picada muy menuda (debe freirse lentamente). Cuando ya esté frita le incorporaremos un diente de ajo machacado en el mortero con unas ramas de perejil, la yema del huevo duro, la harina y desleiremos todo con la mitad de la sidra, incorporando las almendras molidas y sazonando con sal. Lo dejaremos hervir unos 10 minutos. Transcurridos los cuales la pasaremos por el tamiz. Parte de esta salsa la colocaremos en una cazuela, sobre ella irán las rodajas de merluza, rodeándolas de almejas bien lavadas; y verteremos, sobre la merluza, el resto de la salsa, salpicándolo con el pimiento muy picado y rociando con el resto de la sidra y las cucharadas de coñac. Cocerá a fuego lento un cuarto de hora.

La serviremos en la misma cazuela, salpicada con la clara del huevo duro picada muy menudita.

179. Merluza asada

Ingredientes para 4 personas:

Merluza del centro en un trozo (con un peso aproximado de 1.200 gramos)
Sal
Aceite
1 cucharada sopera llena de jerez seco
1 cucharada sopera llena de pan rallado
4 gambas
2 pimientos rojos de lata
Unas ramas de perejil
1 taza de desayuno llena de caldo.

Una vez limpia la merluza, echaremos sal y dejaremos reposar por espacio de media hora.

Pasado ese tiempo la pondremos en una fuente de horno, con unas 10 cucharadas soperas llenas de aceite, el jerez y el pan rallado.

A continuación la meteremos al horno, dejándola en él para que se cueza durante 45 minutos a fuego regular, ni muy flojo ni muy caliente.

Cuando esté cocida, la retiraremos a una fuente, cogiéndola con dos tenedores, y la quitaremos la espina central.

En el mismo aceite que queda en el asador echaremos un poco de agua y el jugo que ha despedido la merluza al quitarle la espina.

La pondremos al fuego. Machacaremos en el mortero las gambas cocidas y las añadiremos al asador junto con el caldo. Si vemos que la salsa queda fina, la engordaremos con un poco de pan rallado. Esta salsa la pasaremos, después, por el colador a una taza, y cuando vayamos a servir la merluza, la pondremos por todo alrededor, adornándola además con unas ramas de perejil y los pimientos rojos picados.

180. Merluza típica vasca

Ingredientes para 4 personas:

4 rodajas gruesas de merluza (con un peso aproximado de 800 gramos)
2 cucharadas soperas llenas de harina
2 tazas de desayuno llenas de caldo de carne
2 cucharadas soperas llenas de perejil picado
4 dientes de ajo
1 cucharadita de café llena de vinagre
1 decilitro de aceite.

Dispondremos de 4 cazuelas individuales; en cada una de ellas, al fuego, echaremos dos o tres cucharaditas de aceite y uno de los dientes de ajo pelado y picado, antes de que el ajo tome color, añadiremos un poco de perejil (repartiremos el que hay entre las cuatro cazuelas) otro poco de harina, unas gotas de vinagre y la cuarta parte del caldo de carne, que estará muy caliente, mezclándolo bien, lo haremos hervir unos 3/5 minutos, incorporándole, entonces, una rodaja de merluza, lavada y con sal (haciéndola hervir y dándole la vuelta) hasta que esté bien hecha.

Repetiremos la misma operación en las otras cazuelas, y serviremos en ellas mismas a la mesa.

181. Merluza frita estilo Bilbao

Ingredientes para 4 personas:

1 kilo de merluza en un solo trozo de la parte abierta
Sal
1 taza de desayuno llena de harina
4 huevos crudos
¼ de litro ó quizás más de aceite de muy buena calidad.

La merluza debe escogerse de muy buena calidad y muy fresca. Con un trapo la limpiaremos (nada de lavarla con agua) y quitaremos raspas y pieles, procediendo seguidamente a despojarla de su piel y de la espina central, haciendo filetes gruesos de toda su carne.

Estos filetes, con sal, los aplastaremos sobre la harina puesta en un plato y dejándolos algo gruesos.

Batiremos los huevos y calentaremos el aceite en una sartén puesta sobre fuego vivo.

Pasaremos los filetes enharinados por los huevos batidos y los freiremos, rápidamente, en el aceite caliente. La gracia de esta merluza consiste en que quede rubia por fuera y blanca por dentro; debe cocer en aceite caliente pero no arrebatado, ése es su punto.

La serviremos rápidamente una vez hecha.

182. Merluza en salsa verde, 1.ª forma

Ingredientes para 4 personas:

4 rodajas de merluza (con un peso aproximado de 600 a 700 gramos)
10 cucharadas llenas de aceite de muy buena calidad
3 cucharadas soperas llenas de perejil picado
2 dientes de ajo
Sal fina
1 vaso de vino lleno de vino blanco seco
2 vasos de agua llenos de agua.

En una cazuela de barro echaremos el aceite y la pondremos al fuego. Pelaremos y picaremos los ajos añadiéndolos a la cazuela.

Tendremos la merluza limpia de raspas y con un poco de sal fina por encima; así que los ajos comiencen a dorarse, no del todo, incorporaremos a la cazuela las rodajas de merluza (hay quien las pasa antes por harina). Moveremos la cazuela, dejaremos que la merluza cambie su color y daremos la vuelta a las rodajas, agregándoles el perejil picado, el vino y el agua y agregando un poco más de sal.

Sacudiremos la cazuela y que cueza 8/10 minutos cuidando que no se pegue. Serviremos en la misma cazuela.

183. Merluza en salsa verde, 2.ª forma

Ingredientes para 4 personas:

8 rodajas de merluza (con un peso aproximado de 800 a 850 gramos)
10 cucharadas soperas llenas de aceite fino
Sal
2 cucharadas soperas llenas de harina
1 limón

Salaremos las rodajas de merluza (ya limpias) y las pasaremos por la harina, poniéndolas en una cazuela de barro plana y regándolas con el aceite.

Colocaremos la cazuela sobre fuego lento y, a medio hacer, les echaremos el zumo del limón, exprimido y colado, dejando que sigan haciéndose.

Machacaremos los ajos pelados y cortados finamente junto con el perejil en el mortero, y aclarando con el caldo. Esto lo incorporaremos sobre el pescado.

3 cucharadas soperas llenas de
perejil picado
2 dientes de ajo
1 vaso de vino lleno de caldo de
carne
300 gramos de arvejillas
(guisantes) desgranadas y
previamente cocidas.

Ya las arvejillas preparadas (o sea, cocidas, aunque pueden ser también de lata) las escurriremos bien y adornaremos la cazuela de la merluza con ellas antes de servirla.

NOTA: La merluza en salsa verde admite muchas variantes. Se le puede añadir patatas, espárragos, huevos duros, chirlas, etc.

184. Merluza en salsa roja

Limpiaremos bien la merluza procediendo a darle sal y dejándola en un plato.

En una cazuela de barro, echaremos el aceite y freiremos ligeramente los ajos pelados y troceados y la cebolla, pelada y finamente picada, añadiremos las rodajas de merluza y les daremos la vuelta; cuando ya estén por un lado, espolvorearemos el pimentón y agregaremos el vino blanco y el agua. Dejando hervir la cazuela lentamente y agitándola de vez en cuando.

Unos minutos antes de servirla incorporaremos el perejil picado, los huevos duros pelados y partidos en cuatro a lo largo, y las puntas de espárragos.

Ingredientes para 4 personas:

8 rodajas grandes de merluza (con un peso aproximado de 800 a 850 gramos)
12 cucharadas soperas llenas de aceite
1 cebolla gorda
3 dientes de ajo
3 cucharadas soperas llenas de perejil picado
1 vaso de vino lleno de vino blanco seco
1 vaso de agua lleno de agua
1 cucharadita de café llena de pimentón rojo dulce
Sal
2 huevos cocidos
1 lata de puntas de espárragos.

185. Merluza al pil-pil

Pelaremos bien los dientes de ajo de las cabezas y los freiremos en el aceite puesto en una sartén, sobre el fuego. Una vez fritos los separaremos para que se enfríen, tanto aceite como ajos. Una vez fríos, los pasaremos a una cazuela de barro y pondremos ésta al fuego, añadiéndole la harina y poniendo, encima, las rodajas de merluza bien limpias.

Moveremos la cazuela, daremos la vuelta a la merluza

Ingredientes para 4 personas:

8 rodajas de merluza (con un peso aproximado de 800 a 850 gramos)
unas ramas de perejil fresco
2 cabezas de ajos
Agua
Sal

1 cucharilla de café llena de
harina
¼ de litro de aceite o menos.

y a los 3/5 minutos aproximadamente, echaremos gota a
gota, agua, agitando la cazuela sin parar; así que quede
el pescado cubierto de líquido dejaremos de echar agua,
pero seguiremos batiendo el contenido. Ya hecha la merluza,
la serviremos con unas ramas de perejil por encima.

186. Cocochas[1] de merluza

Ingredientes para 1 persona:

250 gramos de cocochas de merluza
Sal fina
12 cucharadas soperas llenas de
aceite muy fino
2 dientes de ajo pequeños
1 vaso de vino lleno de agua
1 cucharada sopera llena de perejil
picado.

Comenzaremos por lavar bien las cocochas procediendo
seguidamente a secarlas perfectamente con un trapo. Ya
secas las extenderemos sobre una servilleta seca y las daremos
sal por ambos lados.

En cazuela de barro individual con el aceite, y puesta
al fuego, freiremos los dientes de ajo pelados y cortados
por la mitad, cuando tomen color tostado (sin quemarse)
incorporaremos, a la cazuela, las cocochas y el perejil picado,
moviéndolas bien con un tenedor de madera. Les añadiremos
el agua y que hiervan poco a poco. Generalmente se les
echa agua, aunque a veces ésta se omite, puesto que las
cocochas sueltan su jugo o gelatina.

Debemos hacerlas rápidamente (se hacen en pocos minutos) y servirlas recién hechas.

_____

[1] Las cocochas son unas barbillas, o filetes blandos, que se sacan de
la cabeza de la merluza recién pescada, y deben ser siempre muy frescas
si se quiere obtener éxito en su preparación.

187. Cocochas[1] a la donostiarra

Ingredientes para 4 personas:

1 kilo de cocochas
½ litro escaso de aceite
150 gramos de harina
2 dientes de ajo

Limpiaremos bien las cocochas y las secaremos con un
paño, sazonándolas con sal, las pasaremos por harina friéndolas con un poco de aceite puesto en una sartén al fuego
y sin llegar a tomar color. Ya fritas las guardaremos en
un plato.

2 cucharadas soperas llenas de
perejil picado
Sal
Pimienta blanca en polvo
½ kilo de arvejillas (guisantes)
2 tazas de desayuno llenas de
agua.

Hecho esto, y en una cazuela de barro al fuego, pondremos abundante aceite y en él freiremos los dientes de ajo pelados y picados junto con las cucharadas de perejil muy picado. Esto lo haremos a fuego moderado y, a continuación, incorporaremos las cocochas que teníamos fritas. Moveremos la cazuela y le añadiremos el agua tibia.

Rectificaremos de sal, pondremos un poco de pimienta y las arvejillas desgranadas, dejándolo cocer con la cazuela tapada y, a fuego muy lento, por espacio de 12/15 minutos.

Las serviremos en la misma cazuela.

[1] Las cocochas son unas barbillas o filetes que se sacan de la cabeza de la merluza recién pescada. Deben ser muy frescas.

188. Lenguado a la vasca

Ingredientes para 4 personas:

2 lenguados enteros (con un peso
aproximado de 1 kilo)
3 patatas gordas
200 gramos de mantequilla
2 pimientos rojos de lata
Un poco de cayena
1 taza de desayuno llena de salsa
de tomate [1]
1 cebolla gorda
1 tacita pequeña llena de aceite
fino
200 gramos de champiñones de
lata
El zumo de 1 limón
Sal.

Pelaremos las patatas cortándolas a rodajas no muy delgadas. Los lenguados estarán sin piel y bien limpios.

Cubriremos una fuente de horno con las patatas, las echaremos sal y acomodaremos los lenguados enteros (también con sal) echándoles el zumo de limón y mantequilla. Los meteremos al horno a que se hagan y a mitad de cocción, los regaremos con la tacita de aceite.

Ya hechos los sacaremos y cortaremos los filetes a lo largo (4 de cada lenguado) dejándolos de nuevo en la fuente con las patatas y colando el jugo que suelten; este jugo lo reservaremos.

La salsa la haremos friendo la cebolla pelada y trinchada en mantequilla, añadiéndole la salsa de tomate ya hecha, los pimientos cortados a cuadros, la cayena, el jugo de los lenguados y un poco de sal. Con esta salsa cubriremos los lenguados. Por encima, los champiñones cortados a trocitos.

Meteremos a horno caliente de 5 a 10 minutos.

[1] Para hacer la salsa de tomate consultar Capítulo I, receta núm. 8.

189. Lenguado al estilo vasco-francés

Ingredientes para 4 personas :

2 lenguados (con un peso aproximado de 1 kilo)
80 gramos de mantequilla
1 vaso de agua lleno de sidra
2 cucharadas soperas llenas de perejil picado
2 cucharadas soperas llenas de pan rallado
Sal
Pimienta blanca en polvo.

Los lenguados, ya limpios y sin piel, los prepararemos enteros, después de darles sal, en una fuente de horno que, antes habremos untado con mantequilla. Una vez los lenguados en la fuente, los cubriremos con el resto de la mantequilla, el perejil picado, la sidra y el pan rallado.

Los meteremos al horno, que tendrá una temperatura media y que se hagan poco a poco.

Los miraremos y moveremos de vez en cuando y, si hace falta, subiremos o bajaremos el calor del horno.

Los presentaremos en una fuente o bien, si el utensilio que hemos utilizado es bonito, en el mismo en que los hemos hecho.

190. Lenguado con chirlas[1]

Ingredientes para 6 personas :

6 lenguados de ración (con un peso aproximado de 1.200 gramos)
24 chirlas
2 cucharadas soperas llenas de perejil picado
100 gramos de pan rallado
3 limones
12 cucharadas soperas llenas de aceite fino
Agua
Sal.

Limpios los lenguados, pero con cabeza, los pelaremos, lavaremos y daremos sal por ambos lados. Exprimiremos los limones y con ellos rociaremos los pescados que, después, acomodaremos en una fuente de horno, cubriéndolos con el perejil picado y el pan (éste debe ser muy fino), añadiremos dos cucharadas soperas de aceite a cada lenguado, metiendo a continuación la fuente al horno, en el que se harán de 15 a 25 minutos, regándolos durante su cocción con su propia salsa.

Lavaremos las chirlas, a las que daremos un hervor con un poco de agua con sal. Escurridas, las pasaremos a la fuente de los lenguados.

Serviremos los lenguados en el mismo recipiente de cocción.

---

[1] Almejas.

191. Filetes de lenguado Bella Easo

Ingredientes para 4 personas:

8 filetes de lenguado gordos (con un peso aproximado de 1 kilo)
2 escaloñas o en su defecto 2 cebollas gordas
1 trufa
2 limones
3 claras de huevo
1 vaso de vino lleno de sidra
1 vaso de vino lleno de vino blanco
1 hoja de laurel
50 gramos de mantequilla.

Ingredientes para la salsa:

50 gramos de manteca de cerdo
1 cucharada sopera llena de harina
2 tazas de desayuno llenas de caldo de pescado
1 taza de desayuno llena de leche
1 cucharada sopera llena de queso rallado
Sal
Pimienta en polvo
2 yemas de huevo crudo
1 limón
Sal.

Ingredientes para la guarnición:

16 gambas cocidas previamente (sólo aprovecharemos las colas peladas)
4 patatas gordas
50 gramos de mantequilla
4 cebollas gordas
6 cucharadas soperas llenas de aceite
Sal fina.

Empezaremos por lavar bien los filetes y los secaremos con un trapo, extendiéndolos en un plato. Les daremos sal. Batiremos las claras y pasaremos por ellas los lenguados. Picaremos las escaloñas (o cebollas) y la trufa y las echaremos encima de cada filete cerrando las puntas de éstos de forma que el picadillo quede dentro.

Podemos sujetar el filete con un palillo que, una vez hecho, quitaremos. Daremos aceite a una fuente de horno y pondremos sobre ella los filetes rociándolos con la sidra y el vino blanco. Alrededor dispondremos trocitos de mantequilla y la hoja de laurel partida en dos o tres trocitos. Meteremos la fuente al horno a que se haga.

Mientras cuecen los lenguados haremos la salsa:

En una cazuelita pequeña sobre el fuego con la manteca de cerdo, doraremos la harina y añadiremos el caldo de pescado y la leche (caliente), así como el queso rallado, sal y un poco pimienta. Daremos una vuelta y lo retiraremos del fuego incorporándole las yemas de huevo y un buen chorro de zumo de limón. Batiremos fuertemente para evitar que se corte (lo que puede ocurrir muy fácilmente). Reservaremos esta salsa al baño maría; la batiremos de vez en cuando.

Para la guarnición haremos patatas muy pequeñas con el aparato especial, que doraremos con la mantequilla. Freiremos en el aceite las cebollas peladas y cortadas a ruedas sueltas. Rehogaremos las colas de gambas.

Lo más atractivo de este plato consiste en su presentación, que haremos sobre una fuente de mesa grande, en la que irán los filetes de lenguado acaballados y regados por la salsa y, en el centro, la cebolla frita en mantequilla. Con las patatas y gambas haremos grupos en los extremos de la fuente y en sus mitades. Todo esto debemos hacerlo muy rápidamente y con la fuente ya caliente para evitar que se enfríe. La salsa que sobre de regar los filetes de lenguado, la serviremos caliente en salsera aparte.

192. Sardinas asadas estilo Santurce

Ingredientes para 1 persona:

½ *docena de sardinas*
Sal fina
2 cucharadas soperas llenas de
mantequilla
12 cucharadas soperas llenas de
aceite
Unas ramas de perejil fresco.

Escogeremos sardinas más bien gordas, y las pasaremos un trapo dejándolas enteras, sin vaciarlas.

Calentaremos unas parrillas anchas a fuego vivo (mejor de leña o de carbón vegetal y que ya esté hecho ascuas), y asaremos en ellas las sardinas, primero por un lado y después por el otro regándolas con el aceite, a medida que se hacen, y salándolas al sacarlas al plato.

Las adornaremos con una cucharilla de mantequilla y ramas de perejil. Sirviéndolas muy calientes y recién hechas.

193. Sardinas al estilo de Navarra

Ingredientes para 4 personas:

800 gramos de sardinas
1 taza de desayuno llena de aceite
Sal
Un poco de orégano
1 cucharada llena de pimentón
encarnado dulce
2 dientes de ajo
2 cucharadas soperas llenas de
perejil picado
1 cucharada sopera llena de pan
rallado.

Lavaremos y quitaremos bien las escamas de las sardinas, sacándoles las tripas, espina central y la cabeza. Cubriremos la mitad de ellas, con un picadillo compuesto por el perejil y los ajos pelados y picados, el pimentón encarnado, orégano, el pan rallado y un poco de sal, disponiéndolas en el fondo de una fuente de horno.

Las cubriremos con el resto de las sardinas, y rociaremos con el aceite. Asándolas en el horno el tiempo suficiente hasta que estén hechas.

194. Salmón a la bearnesa
(cocina vasco-francesa)

Ingredientes para 4 personas:

800 gramos de salmón fresco en un
solo trozo
2 tazas de desayuno llenas de agua
1 taza de desayuno llena de vino
blanco

Una vez limpio el pescado, lo coceremos en el agua y el vino blanco. Echaremos sal y, cuando esté cocido, lo retiraremos del agua, escurriéndolo bien.

Coceremos aparte las patatas, peladas, al vapor con muy poca agua y algo de sal. Podemos tornearlas con el aparatito especial.

Sal
2 cucharadas soperas llenas de
perejil picado
Agua
Salsa bearnesa.[1]

Presentaremos el salmón con las patatas, el perejil picado por encima y la salsa bearnesa.

----

[1] Para hacer la salsa bearnesa, consultar Capítulo I: Salsas, receta núm. 3.

195. Pescadilla en filetes albardados (rebozados)

Ingredientes para 4 personas:

1 kilo de pescadilla en un solo trozo
1 taza de desayuno llena de harina
Sal
2 huevos crudos
2 tazas de desayuno llenas de aceite.

Limpia la pescadilla, prepararemos los filetes quitándole la piel y las espinas. Estos filetes, una vez salados, los pasaremos por la harina y por los huevos bien batidos, friéndolos a continuación, en el aceite caliente, pero sólo el tiempo suficiente para que tomen un color ligeramente dorado. Estos filetes pueden servirse calientes o fríos y solos, o bien acompañados de una ensalada verde.

196. Pescadilla rellena

Ingredientes para 4 personas:

4 pescadillas (con un peso aproximado de 1 kilo)
3 huevos duros
Sal
50 gramos de aceitunas verdes sin hueso
50 gramos de jamón de cocinar
1 taza llena de salsa de tomate previamente preparada
2 cucharadas soperas llenas de pan rallado
2 cucharadas soperas llenas de mantequilla.

Prepararemos las pescadillas cortando sus raspas y quitándoles la espina central y la cabeza. Las lavaremos y secaremos con un paño, dejándolas abiertas sobre un plato.

Haremos un picadillo compuesto por los huevos duros, pelados y picados, y las aceitunas y el jamón, ambos cortados muy menudos. Con esto rellenaremos cada pescadilla repartiendo bien y las cerraremos, colocándolas en una fuente de horno en la que habremos echado la salsa de tomate.

Añadiremos la mantequilla, a trocitos y espolvorearemos el pan rallado, metiendo la fuente al horno hasta que las pescadillas estén hechas.

197. Gallos fritos

Ingredientes para 4 personas:

4 gallos de ración (con un peso aproximado de 600 gramos)
1 taza de desayuno llena de harina
¼ de litro, escaso, de aceite
Sal fina
1 limón.

Limpiaremos los gallos de raspas laterales y centrales y les daremos sal por ambos lados, después de lavarlos al chorro del agua.

Calentaremos el aceite, en una sartén al fuego, y freiremos los gallos uno a uno después de pasarlos por harina.

Una vez fritos, los serviremos con el limón cortado a ruedas.

198. Pescados a la bearnesa (cocina vasco-francesa)

Ingredientes para 4 personas:

1 carpa (con un peso aproximado de 500 gramos)
1 anguila (con un peso aproximado de 600 gramos)
½ cebolla
2 dientes de ajo
Pimienta blanca en polvo
1 litro de vino blanco
50 gramos de manteca fresca de vaca
2 vasos de vino llenos de coñac.
1 cucharada sopera llena de harina
Ramas de perejil fresco
Sal.

Elegiremos pescados muy frescos que, una vez limpios de raspas y de cabeza, los trocearemos.

Pondremos el vino blanco al fuego, en un puchero, y en él coceremos los pescados junto con la cebolla, pelada y picada, el perejil, los dientes de ajo pelados y enteros, la mitad de la manteca, sal y una pizca de pimienta. A media cocción incorporaremos el coñac previamente soflamado.

Ya hecho el pescado, lo escurriremos colocándolo en una fuente de servir.

Reduciremos el caldo de coción (después de pasado por el tamiz) y le añadiremos el resto de la manteca haciendo una salsa con la que cubriremos los pescados.

199. Atún a la guipuzcoana

Ingredientes para 4 personas:

500 gramos de atún fresco
1 cebolla mediana
1 vaso de agua lleno de vino blanco seco

Limpio y lavado el atún procederemos a cortarlo a trozos regulares de 1 cm. de grueso, a los que daremos sal por ambos lados, pasándolos a continuación por harina, y friéndolos en el aceite, caliente, que estará en una sartén al fuego.

1 taza de desayuno llena de harina
¼ de litro de aceite
Sal
Pimienta blanca en polvo.

Según los friamos, los dejaremos en una cazuela (mejor de barro). Ya terminada la fritura del pescado, y en la misma grasa, freiremos la cebolla pelada y bien picada, sin que se queme. Ya frita la echaremos sobre el pescado cubriendo éste con el vino, echándole un poco de sal, y otro poco de pimienta en polvo y poniendo la cazuela al fuego, a que cueza unos 5 minutos a fuego muy lento.

200. Atún a la pamplonica

Ingredientes:

800 gramos de qtún partido en 4 rodajas
3 huevos cocidos
2 cebollas
3 pepinillos en vinagre
Unas ramas de perejil fresco
Vinagre
2 granos de pimienta
3 cucharadas soperas llenas de aceite
Sal fina
½ litro de agua.

Limpiaremos bien las rodajas de atún y las pondremos a cocer cubiertas con el agua (fría) y con una de las cebollas pelada y partida a trozos, el perejil, sal, un chorro de vinagre y los granos de pimienta. Dejaremos cocer, a fuego lento, unos 5/8 minutos, retirándolo entonces del fuego y dejándolo enfriar en la misma agua de su cocción.

Mientras, picaremos la otra cebolla muy menuda, los pepinillos y los huevos cocidos, sazonaremos con sal fina, agregando el aceite y un chorro de vinagre y formando como una especie de salsa vinagreta; ya frío el atún lo escurriremos y quitaremos la piel y espinas, colocando los trozos en una fuente, y cubriéndolo con la salsa preparada. Este atún lo serviremos frío.

201. Atún a la cascarotte (cocina vasco-francesa)

Ingredientes para 4 personas:

800 gramos de atún en un solo trozo
Aceite
1 limón
3 cebollas
1 vlavo de especies
3 tomates

El atún lavado y seco con un paño lo tendremos en adobo, o marinada, compuesto por un chorro de aceite, el zumo del limón, la mitad de las hierbas aromáticas, una de las cebollas, con el clavo, sal y un poco de pimienta, por espacio de una hora; pasado ese tiempo lo pondremos en una cazuela de barro con aceite, las dos cebollas restantes peladas y cortadas a ruedas, los tomates maduros pelados y cortados a trozos, los dientes de ajo pelados y picados

2 dientes de ajo
1 vaso de agua lleno de vino blanco
seco
1 vaso de agua lleno de caldo de
carne
Hierbas aromáticas compuestas
por (laurel, romero y tomillo)
2 cucharadas soperas llenas de
concentrado de tomate
1 cucharada sopera llena de perejil
picado
Sal
Pimienta blanca en polvo.

Ingredientes para 4 personas:

800 gramos de atún en un solo
trozo
2 cebollas gordas
10 setas frescas
1 clavo de especie
1 hoja de laurel
Un poco de tomillo
2 dientes de ajo
Pimienta blanca en polvo
3 cucharadas soperas llenas de
manteca de cerdo
2 tazas de café llenas de caldo de
carne
1 vaso de vino lleno de vino blanco
seco
Unas ramas de perejil
2 cucharadas soperas llenas de
harina
1 limón
2 yemas de huevo crudo
3 cucharadas soperas llenas de
mantequilla
1 vaso de vino lleno de aceite
Sal.

y la otra mitad de las hierbas aromáticas. Lo arrimaremos al fuego, dejando que cueza durante 20/25 minutos.

Regaremos entonces el atún con el vino blanco, y el caldo y le incorporaremos al concentrado de tomate. Cocerá ahora por espacio de una hora.

Separaremos el pescado a una fuente y los serviremos con su salsa pasada por el colador y desengrasada, añadiéndole el perejil picado, sal y pimienta.

202. Atún a la bilbaína

Lavado el pescado perfectamente, lo cortaremos en cuatro trozos poniendo éstos en una marinada compuesta por el aceite, una de las cebollas pelada, cortada a tiras, los ajos pelados y trinchados, el clavo machacado en el mortero, el laurel, el tomillo, el perejil (picado), un poco de pimienta y sal. Dejaremos el atún unas 2/3 horas en esta marinada en un lugar fresco.

Haremos la salsa friendo la otra cebolla, pelada y picada, en la manteca puesta en una sartén al fuego y agregando la harina, el perejil picado, el caldo, el vino blanco, un poco de sal y ralladura de la piel del limón.

Esta salsa se unirá bien cociendo unos 10/15 minutos; pasado este tiempo la separaremos del fuego y le incorporaremos las yemas de huevo, bien batidas. Colaremos la salsa por un cedazo fino y le añadiremos las setas (limpias y troceadas) y un poco de perejil trinchado.

Escurriremos los trozos de pescado de su marinada y los pasaremos por la mantequilla (previamente ablandada) asándolos a continuación a la parrilla.

Serviremos el atún cubierto con la salsa.

203. Marmitako

Ingredientes para 6 personas:

1 kilo de bonito fresco
1 kilo de patatas
⅓ kilo de tomates frescos
1 cebolla bien picada
2 dientes de ajo
2 cucharadas soperas llenas de perejil picado
2 tazas de desayuno llenas de caldo de carne o de agua
Pimienta negra
Pimienta de cayena
6 cucharadas soperas llenas de aceite
Sal.

Haremos el marmitako en puchero de barro, echando en él, puesto al fuego, el aceite y friendo primero la cebolla y, a continuación, el bonito cortado a trozos, que rehogaremos bien y añadiendo los ajos pelados y picados, el perejil y los tomates (previamente pelados). Por último, incorporaremos las patatas peladas y cortadas a trozos gordos e irregulares, cubriendo todo con el caldo o el agua, echándole sal, pimienta negra y un poco de cayena para que pique.

Cocerá de 30 a 45 minutos hasta que las patatas estén en su punto y lo serviremos en el mismo puchero de barro.

También, y si gusta, pueden añadirse, por encima, rebanadas delgadas de pan tostadas al horno con anterioridad.

204. Bonito Ederra

Ingredientes para 4 personas:

800 a 1.000 gramos de bonito en un solo trozo
6 tomates frescos
2 cebollas gordas
2 dientes de ajo
Pimienta blanca en polvo
1 hoja de laurel
Sal
1 taza de desayuno llena de agua
8 cucharadas soperas llenas de aceite.

En cazuela de barro, sobre el fuego, echaremos el aceite y en él freiremos las cebollas peladas y cortadas finamente; cuando estén algo doradas añadiremos los dientes de ajo, pelados y también picados y un poco de pimienta. Sobre este lecho pondremos el bonito, limpio y lavado, entero en un solo trozo y lo cubriremos con los tomates pelados y cortados a trozos irregulares. Salaremos y pondremos el agua y la hoja de laurel, dejando que la cazuela se haga, tapada, a fuego lento, por espacio de 15/20 minutos.

Serviremos el bonito en la misma cazuela de cocción.

205. Bonito a la bilbaína

Ingredientes para 4 personas:
4 rodajas de bonito (con un peso aproximado de 700 a 800 gramos)
1 cebolla gorda.

Prepararemos en una cazuela, en frío, el pescado limpio, junto con el agua, el vinagre, los granos de pimienta y la mitad de la cebolla pelada y en un solo trozo. Salaremos y pondremos la cazuela sobre el fuego para que hierva.

3 pepinillos en vinagre
1 huevo duro
2 cucharadas soperas llenas de
aceite
1 copita de licor llena de vinagre
1 cucharada sopera llena de perejil
picado
2 granos de pimienta
Sal
3 tazas de desayuno llenas de
agua.

Esta cocción será bastante rápida, 10/15 minutos; pasado dicho tiempo apartaremos del fuego, dejando que el pescado se enfríe en su caldo. Una vez frío le quitaremos piel y espinas, colocando su carne en una fuente y cubriéndola con la siguiente salsa:

Picaremos el huevo duro, después de pelado, con el resto de la cebolla (trinchada) y le añadiremos el perejil y los pepinillos cortados muy finamente, echaremos sal y el aceite.

206. Bonito guisado

Ingredientes para 4 personas:

800 gramos de bonito cortado a
trozos
2 tomates maduros
2 cebollas medianas
Sal
3 dientes de ajo
½ hoja de laurel
1 vaso de agua lleno de aceite
1 cucharada sopera llena de perejil
picado
1 vaso de vino lleno de vinagre
1 vaso de vino lleno de agua.

Prepararemos el bonito, después de lavado, en una cazuela de barro honda (con tapadera) y lo regaremos con el aceite, echándole, a continuación, los tomates pelados y picados, las cebollas peladas y trinchadas, el perejil y dientes de ajo pelados y cortados finamente. Añadiremos también sal, el vinagre, el agua y el laurel, poniendo la cazuela, tapada, a fuego lento para que se haga, unos 60 minutos más o menos y poco a poco sobre un fuego muy dulce y regular.

Serviremos en la misma cazuela, así que veamos que todos los componentes están en su punto.

207. Pudin de bonito

Ingredientes para 4 personas:

800 gramos de bonito en un solo
trozo
4 cucharadas soperas llenas de
aceite
2 huevos crudos
3 cucharadas soperas llenas de pan

Freiremos en una sartén al fuego la cebolla y los ajos, ambos pelados y trinchados. Cuando se dore, incorporaremos el contenido de la lata de tomate, dejando que se rehogue todo junto.

Picaremos bien el bonito, poniéndolo en una fuente honda y añadiéndole la mitad del pan rallado, los ajos y cebolla (fritos previamente) y los huevos bien batidos, mezclaremos

rallado
1 lata de tomate al natural
2 dientes de ajo
Sal
1 cucharada sopera llena de
mantequilla
1 taza de desayuno llena de salsa
de tomate [1]
1 cebolla gorda.

todo y echaremos esta preparación en un molde untado de mantequilla y espolvoreándolo ligeramente con pan rallado.

Lo coceremos al baño maría, al fuego, por espacio de una hora aproximadamente.

En el momento de servir el pudín, lo desmoldaremos (en frío) y lo cubriremos con la salsa de tomate bien caliente.

[1] Para hacer la salsa de tomate consultar Capítulo I, receta núm. 8.

208. Mendreska (ijada[1]) de bonito hervida

Ingredientes para 2 personas:

1 medreska de bonito con un peso
de 400 a 500 gramos
Sal fina
1 limón
4 tazones de desayuno llenos de
agua.

Pondremos en un puchero, en frío, la mitad del agua con sal y echaremos la mendreska, lavada, arrimando el puchero al fuego; así que esté cocida la escurriremos y echaremos en el resto del agua fría, por espacio de unos 10 minutos.

La serviremos escurrida y con el zumo del limón.

[1] También se conoce esta parte del pescado como «faldas». Se trata de la parte que une el cuerpo del pescado con la cabeza.

209. Mendreska (ijada[1]) de bonito al horno

Ingredientes para 4 personas:

750 a 800 gramos de mendreska
2 dientes de ajo
2 cucharadas soperas llenas de
cebolla muy picada
1 yema de huevo crudo
1 cucharada sopera llena de pan
rallado
1 vaso de agua lleno de aceite
Sal fina
1 cucharada sopera llena de perejil
fresco picado.

Lavada y sin piel o telillas, la mendreska, procederemos a darle sal, poniéndola en una fuente de horno, y añadiendo el aceite, la cebolla picada, los dientes de ajo pelados y picados y el perejil, espolvoreándola con el pan rallado. Meteremos la fuente a horno mediano para que se haga, rociándola durante la cocción con su propia salsa.

Ya hecha (el tiempo oscila según el grosor de la mendreska, aproximadamente calcularemos de 30 a 45 minutos), la pasaremos a una fuente, colaremos la salsa le añadiremos la yema de huevo crudo, removiendo bien y serviremos el pescado con la salsa por encima.

[1] También se conoce esta parte del pescado como «faldas». Se trata de la parte que une el cuerpo del pescado con la cabeza.

210. Anguilas a la donostiarra

Ingredientes para 4 personas:

2 anguilas gordas (con un peso aproximado de 800 gramos)
1 taza de desayuno llena de harina
6 ñoras (pimientos secos)
1 vaso de agua lleno de sidra
3 pimientos rojos de lata
4 dientes de ajo
2 cortezas de pan atrasado
1 taza de desayuno llena de aceite
Sal
2 cucharadas soperas llenas de perejil fresco picado
Pimienta blanca en polvo
1 cucharada sopera llena de piñones tostados.

Empezaremos por despellejar las anguilas y después las limpiaremos y lavaremos muy bien, secándolas con un paño y cortándolas a trozos. Echaremos sal y pimienta a los trozos y los pasaremos por harina, friéndolos en aceite, puesto en una sartén al fuego. A medida que estén fritos los echaremos a una cazuela de barro.

En el aceite que nos sobre de freír las anguilas, freiremos los ajos, pelados y enteros que, una vez fritos, retiraremos, echando entonces las cortezas de pan que, una vez fritas, también retiraremos y poniendo entonces las ñoras (previamente remojadas en agua y sin pepitas) y los piñones tostados.

Mientras se rehoga la salsa, majaremos en el mortero los ajos y el pan fritos anteriormente, y les agregaremos la sidra y parte del perejil picado, un poco de pimienta y otro poco de sal, uniéndolo a la sartén y pasándolo, todo junto, por el chino, sobre las anguilas.

Cortaremos los pimientos de lata a tiras. Con ellas y un poco de perejil trinchado, adornaremos las anguilas.

211. Anguilas en salsa mirentzu

Ingredientes para 4 personas:

800 gramos de anguilas
1 ñora (pimiento seco)
2 dientes de ajo
1 cucharada sopera llena de perejil picado
1 lata de guisantes de 500 gramos
1 yema de huevo duro
Sal
Pimienta blanca en polvo
1 taza de desayuno llena de aceite
Agua.

Despellejadas y limpias las anguilas, las partiremos a trozos de 5 cm. más o menos, y las dejaremos en una cazuela con agua que las cubra.

En otra cazuela, sobre el fuego, con el aceite, freiremos los dientes de ajo pelados y enteros que, una vez dorados, retiraremos y reservaremos. En ese aceite, una vez quitados los ajos, echaremos la ñora (previamente remojada en agua) y la frotaremos bien contra la cazuela para que suelte la carne que pueda tener.

Incorporaremos los trozos de anguilas sin escurrirlas bien del agua en que están, al objeto de que el agua que puedan desprender forme salsa con el aceite y la carne de la ñora; dejaremos que cueza el pescado a fuego lento.

Machacaremos en el mortero los ajos fritos y reservados, que teníamos aparte y, después de echarles un poco de agua para desleírlos, los agregaremos a la cazuela junto con el perejil picado y los guisantes, escurridos del agua de su conserva. Moveremos la cazuela para que no se pegue, echaremos sal y un poco de pimienta y daremos la vuelta a los trozos de anguila, para que se hagan por un igual.

Poco antes de servir la anguila separaremos un poco de su salsa y la uniremos a la yema de huevo duro, machacada, echando esto a la cazuela para que la salsa se ligue bien.

Servirla en la misma cazuela y muy caliente.

212. Mero con espárragos

Ingredientes para 4 personas:

4 rodajas grandes de mero (con un peso aproximado de 700 a 800 gramos)
1 lata de espárragos gordos
2 yemas de huevo crudo
1 cucharada sopera llena de mantequilla
Harina
¼ de litro escaso de aceite
Sal.

Empezaremos por preparar la salsa, abriendo la lata de espárragos y cortando de éstos las puntas.

En el agua o caldo de los espárragos coceremos los tallos; así que estén tiernos los batiremos con la mano eléctrica o los reduciremos a puré por el chino.

Echaremos en una cazuela al fuego dos cucharadas soperas llenas de aceite y le incorporaremos 2 cucharadas soperas llenas de harina, añadiéndole el batido de los tallos de espárragos y colando todo, después de que haya dado un hervor de 5 minutos, por un colador a una cazuela de barro, donde pondremos las puntas de los espárragos.

Limpio el mero y con sal, lo pasaremos por harina, friéndolo en aceite abundante y caliente; el mero frito lo pondremos en la cazuela de la salsa.

Por último, batiremos las yemas de huevo con la mantequilla (ablandada) y pondremos un poco de la pasta así obtenida sobre cada rodaja de mero.

213. Lubina estilo Santurce

Ingredientes para 4 personas :

*1 lubina entera con un peso de
1.200 gramos
Sal fina
4 dientes de ajo
¼ de litro de aceite de muy buena
calidad.*

Limpia la lubina, entera con cabeza y todo, pero bien lavada y sin raspas ni tripas, la secaremos con un paño y daremos sal fina por dentro y por fuera, colocándola en una fuente alargada de horno.

Verteremos el aceite en una sartén, echando en ella, puesta al fuego, los dientes de ajo pelados y cortados por la mitad. Cuando estén dorados echaremos aceite y ajos sobre la lubina y la meteremos al horno.

A media cocción le daremos la vuelta con cuidado y la bañaremos con el aceite.

Servirla muy caliente.

214. Lubina con carramarros [1]

Ingredientes para 4 personas :

*1 lubina con un peso de 1.200
gramos
4 cucharadas soperas llenas de
harina
6 cucharadas soperas llenas de
coñac
1 vaso de vino lleno de vino blanco
1 vaso de agua lleno de aceite
Sal
6 dientes de ajo
12 carramarros.*

Limpia la lubina, sin escamas, la dejaremos entera dándole sal, por dentro y por fuera, y pasándola toda ella por la harina puesta en un plato, colocándola a continuación en una fuente de horno con el aceite, y los dientes de ajo pelados y enteros, metiéndola al horno.

A medio hacer (unos 10/15 minutos desde que la metimos) la daremos la vuelta agregando los carramarros cortados por la mitad, y bien lavado, metiéndola de nuevo al horno.

Cuando veamos está hecha, la rociaremos con el coñac, que prenderemos con una cerilla, y la tornaremos al horno, no sin antes haberla cubierto con el vino blanco. La serviremos en una fuente con los carramarros alrededor y la salsa colada por encima.

[1] Nombre con el que se conocen en el País Vasco a los cangrejos de mar.

215. Lubina al horno

Ingredientes para 4 personas :

*1 lubina de 1.200 gramos de peso
1 limón*

Lavada, limpia y sin raspas la lubina (le dejaremos la cabeza), la secaremos con un trapo y daremos sal por dentro y por fuera practicándole unos cortes por el lomo.

Sal
2 tomates frescos que sean muy
maduros
10 cucharadas soperas llenas de
aceite
2 cucharadas soperas llenas de
mantequilla.

Cortaremos el limón a rodajas y estas rodajas por su mitad, metiendo un trozo de limón en cada corte del pescado y otro trozo en la cabeza.

En una fuente de horno echaremos 7 de las 10 cucharadas de aceite que tenemos y en ella acomodaremos la lubina, cubriéndola con los tomates, sin piel y reducidos a puré, y añadiendo también el resto del aceite y la mantequilla, distribuida a trozos.

Meteremos la fuente al horno hasta que se haga el pescado.

216. Tioro o ttorro[1]

Ingredientes para 4 personas :

4 trozos de pescadilla (con un peso
de 500 a 600 gramos)
4 trozos de merluza (con un peso
de 500 a 600 gramos)
4 trozos de rape o congrio (con un
peso de 500 a 600 gramos)
1 vaso de agua lleno de chacolí
blanco
Pimienta blanca en polvo
Agua
Sal
8 rebanadas de pan del día
anterior
2 cebollas gordas
Perejil
Un poco de romero y laurel atado
en un manojito
Aceite.

Esta receta se hace en un puchero de barro, echando en él unas 10/12 cucharadas de aceite, y poniendo el puchero al fuego. En este aceite freiremos las cebollas peladas y cortadas; así que tomen color incorporaremos el manojito de perejil, romero y laurel, seguidamente el chacolí y el pescado (que sean trozos más bien gruesos) bien lavado y limpio de raspas y pieles. Echaremos sal, un poco de pimienta y 6 platos soperos llenos de agua, dejándolo hervir lentamente de 40 a 60 minutos.

Freiremos mientras las rebanadas de pan en aceite muy caliente; estas rebanadas se presentan en los platos en los que vamos a servir el tioro, dos en cada plato, echando en ellos el pescado y cubriéndolos con caldo colado. (Tiraremos el resto de lo que pueda tener el caldo cuya presencia sólo era precisa para dar sabor al guiso).

En ocasiones, el pan, en vez de frito, se hace dorado al horno después de bien frotado con ajo.

[1] Especie de guiso o potaje con caldo y pescado.

217. Locha en filetes

Ingredientes para 3 personas :

1 locha sobre un peso aproximado
de 1 kilo

La locha es un pescado de lago o de río de carne muy fina. Limpiaremos bien el pescado y lo haremos filetes sin espinas. Estos filetes, con sal, los pasaremos por harina y

2 huevos
1 limón
Sal fina
80 gramos de harina
80 gramos de pan rallado
Aceite
1 lechuga fresca.

después por los huevos batidos, finalizando por pasarlos por el pan rallado.

En una sartén sobre el fuego, con abundante aceite, freiremos los filetes de locha con cuidado de que se hagan bien, pero sin dorarse en exceso.

Una vez fritos todos los filetes de locha los presentaremos junto con una ensalada de lechuga fresca aderezada con aceite, sal y zumo de limón.

218. Chipirones (calamares) en su tinta

Ingredientes para 3 personas:

1 kilo de chiporones pequeños
500 gramos de tomates maduros
2 cebollas gordas
1 corteza de pan frito
1 diente de ajo
Unas ramas de perejil
2 tazas de desayuno llenas de caldo de carne o de agua
1 copita de licor llena de coñac
Sal
1 vaso de agua lleno de aceite.

Limpiaremos bien los chipirones, reservando la bolsa de la tinta en una tacita con un poco de agua, y rellenaremos cada chipirón con sus patas. Una vez todos dispuestos, y en una sartén, echaremos el aceite, arrimando la sartén al fuego y agregando en ella las cebollas peladas y picadas y los tomates cortados a trozos (no es preciso pelarlos); en esta salsa rehogaremos los chipirones, que daremos la vuelta a medida que veamos se ponen de un color blancuzco, poniéndolos entonces en una cazuela plana de barro. Ya terminados todos los chipirones, agregaremos a la salsa el ajo, machacado al mortero, junto con perejil y el trozo de pan frito y disuelto con el coñac. Añadiremos el caldo, rectificaremos de sal y que cueza unos 10 minutos. Esta salsa la pasaremos sobre la cazuela que contiene los chipirones, añadiendo la tinta, para que salga de color negro.

La cazuela con los chipirones hervirá al fuego unos 10/15 minutos, cuidando mucho que no se peguen.

A la salsa hay quien le añade, para espesar, un poco de harina, aunque es mejor una cucharada de pan rallado.

Serviremos los chipirones en la cazuela, y podemos presentarlos con arroz blanco o bien con triángulos de pan frito.

219. Chipirones (calamares) rellenos a la luzienne

Ingredientes para 3 personas:

1 kilo de chipirones pequeños
2 cebollas gordas
2 dientes de ajo
Unas ramas de perejil
100 gramos de jamón sin grasa
cortado muy finamente
3 cucharadas soperas llenas de
miga de pan fresco
Sal
Pimienta blanca en polvo
¼ de litro de aceite.

Una vez limpios los chipirones los vaciaremos y trincharemos las entrañas, parte dura de la cabeza y también la parte del abdomen, picando bien la cabeza y antenas y añadiendo las cebollas, peladas y picadas, los ajos pelados y trinchados, el perejil picado, así como el jamón y miga de pan, echaremos sal y un poco de pimienta. Todo este picadillo lo freiremos en un poco de aceite y, con él, rellenaremos los chipirones, que coseremos y freiremos en aceite, a fuego muy lento, y en una cazuela de barro (tapada) durante una hora aproximadamente.

220. Jibiones (calamares) a la vascongada

Ingredientes para 4 personas:

4 docenas de jibiones pequeños
3 cebollas gordas
1 vaso de agua lleno de aceite
50 gramos de manteca de cerdo
Pan rallado
1 corteza de pan frito
2 tazas de desayuno llenas de caldo
de carne
Sal.

Limpiaremos bien los jibiones quitándoles la espada y el pellejo y separando la bolsita de tinta negra que reservarvaremos en una taza. Freiremos en la manteca las cebollas picadas finamente, y así que estén doradas, las retiraremos a un plato, reservándolas.

En la misma manteca freiremos los jibiones, de los cuales separaremos también los tentáculos para picarlos (fritos) con la cebolla y uniéndoles el pan rallado, rellenaremos con ellos los jibiones, antes de freirlos, en mitad manteca y mitad aceite.

Haremos la salsa echando en el mortero la cebolla frita, las bolsas de tinta, la corteza de pan frito y el caldo de carne y pasando todo por un colador, lo echaremos sobre los jibiones, que estarán en una cazuela de barro. Les dejaremos hervir a fuego lento unos 15 minutos.

Receta muy similar, con variantes, a la de «Chipirones en su tinta».

221. Jibiones (calamares) al estilo de Durango

Ingredientes para 3 personas:

1 kilo de jibiones pequeños
1 taza de desayuno llena de aceite
1 cebolla gorda
50 gramos de tocino de jamón
2 dientes de ajo
4 tomates frescos y maduros
1 taza de desayuno llena de agua
Sal.

Limpiaremos bien los jibiones quitándoles la bolsa de la tinta y las tripas, las cuales tiraremos. Los rellenaremos con sus mismos tentáculos y los colocaremos en una cazuela de barro plana con un poco de aceite, cocinándolos a fuego muy lento.

Preparar aparte la salsa, rehogando en aceite la cebolla pelada y picada, el tocino de jamón cortado a dados y los ajos picados. Cuando veamos que las cebollas están reblandecidas, añadiremos los tomates enteros, el agua y un poco de sal, dejándolo cocer hasta que todo esté blando y, en ese punto, lo pasaremos por el pasapurés (esta salsa debe quedarnos muy espesa).

Así que veamos que los jibiones están bien rehogados, los cubriremos con la salsa y dejaremos cocer por espacio de unos 10/15 minutos en ella, sirviéndolos en la misma cazuela de barro de su cocción.

222. Filetes de pescado fritos a la bilbaína

Ingredientes para 4 personas:

400 gramos de merluza de la parte abierta
400 gramos de rape del centro
1 taza de desayuno llena de harina
1 vasito de vino lleno de leche
4 huevos crudos
½ litro de aceite de muy buena calidad
4 patatas
Sal fina
2 limones.

Limpio el pescado, procederemos a hacer filetes, sin piel. Estos filetes los remojaremos o salpicaremos con la leche y dejaremos unos 10/15 minutos en ella.

Pasado ese tiempo los salaremos y aplastaremos en la harina, para formar a modo de unos medallones que, después de pasados por los huevos bien batidos, freiremos en abundante aceite caliente.

Aparte, pelaremos y freiremos las patatas (en forma redonda o alargada y con sal). Sirviendo los pescados junto con ello y con los limones partidos por la mitad.

223. Sollo a la Vascongada

Ingredientes para 4 personas:

4 tajadas de sollo (con un peso aproximado de 750 a 800 gramos)
1 taza de desayuno llena de harina
Aceite
1 cebolla gorda
3 tomates frescos
2 pimientos rojos de lata
2 vasos de vino llenos de agua
Sal
1 huevo
Unas ramas de perejil
2 dientes de ajo.

Lavadas y limpias las tajadas, las pasaremos por harina, después de haberlas echado un poco de sal, friéndolas en una sartén con bastante aceite caliente y reservándolas en un plato.

En una cazuela de barro, con aceite, freiremos los ajos, pelados y picados, la cebolla trinchada y los tomates previamente pelados. Una vez que todo esté hecho, añadiremos un poco de agua, dejándolo a poco fuego unos 15 minutos. Lo pasaremos por el tamiz volviéndolo de nuevo a la cazuela.

Partiremos los pimientos a tiras más bien gruesas, dándoles un hervor en la salsa e incorporando el pescado. Coceremos el huevo hasta que esté bien duro y sacaremos la yema, que machacaremos en el mortero, junto con unas ramas de perejil. Aligeraremos la mezcla con un vasito de agua y lo incorporaremos a la cazuela poco antes de presentar ésta a la mesa.

224. Rodaballo en salsa fría

Ingredientes para 4 personas:

8 rodajas de rodaballo (con un peso aproximado de 800 a 1.000 gramos)
3 yemas de huevo crudo
8 puerros regulares
2 litros de agua
Sal
1 limón
100 gramos de mantequilla.

Limpiaremos los puerros, los ataremos en un manojo, o en dos (4 y 4) y los haremos hervir en el agua, con sal, puesta en una cazuela honda al fuego.

Cuando estén casi hechos (no del todo) añadiremos a la cazuela el rodaballo, bien limpio y con sal, dejándolo cocer de 10 a 15 minutos.

Prepararemos la salsa ablandando la mantequilla y batiéndola (fría) con las yemas de huevo y el jugo del limón (colado), trabaremos todo como si fuese una mahonesa poco a poco. Añadiremos un poco de sal.

Serviremos el pescado, escurrido, en una fuente con los puerros y la salsa en salsera aparte.

225. Palometa o zapatero[1] frito

Ingredientes para 4 personas :

1 palometa ó zapatero grande (con un peso aproximado de 1.000 a 1.200 gramos)
3 huevos crudos
2 tazas de desayuno llenas de harina
¼ de litro de aceite
Sal
2 limones.

Limpiaremos el pescado de piel y espinas y procederemos a sacar filetes como se hace con los lenguados. Los sazonaremos y pasaremos por la harina y por los huevos bien batidos, friéndolos en el aceite. Los serviremos con los limones cortados a rodajas.

La palometa o el zapatero frito podemos hacerlo también sin quitar su piel y cortando trozos con la espina central, pasando éstos por la harina, friéndolos en aceite y presentándolos con una salsa caliente de tomate aparte en la salsera.

[1] Pescado conocido también con los nombres de: Negrito y Japuta.

226. Eskallus[1] a la cazuela

Ingredientes para 4 personas :

800 gramos de eskallus
2 ñoras (pimientos secos)
Pimienta blanca en polvo
3 dientes de ajo
1 guindilla
Sal fina
1 taza de desayuno llena de aceite fino.

Lavaremos bien los pececillos al chorro del agua y los pondremos en una escurridera, después los envolveremos en un paño dejándolos en él para que estén bien secos.

Una vez logrado esto, los extenderemos en una fuente y echaremos sobre ellos sal, pimienta, uno de los dientes de ajo pelado y picado y las ñoras cortadas a trocitos y sin pepitas. Los dejaremos una hora al fresco.

Pondremos el aceite en una cazuela de barro plana, sobre el fuego, picando en ella el resto de los ajos pelados y la guindilla; así que empiecen a freirse, añadiremos los eskallus, que freiremos, primero a fuego vivo, después a fuego más lento. Les echaremos sal y pimienta, sirviéndolos calientes y en la misma cazuela.

[1] Se conoce también este pescado con los nombres de Chipas ó Bermejuelas. Es un pescado de río.

227. Eskallus[1] con huevo

Ingredientes para 1 persona :
200 gramos de eskallus
4 cucharadas soperas llenas de aceite
1 cucharada sopera llena de perejil

Los prepararemos en una cazuelita individual plana de barro.

Echaremos en la cazuelita el aceite, la pondremos al fuego y doraremos en ella el diente de ajo pelado y cortado en dos, a medio dorar añadiremos el pescado, el perejil pica-

picado
1 diente de ajo
Un trozo de guindilla picante
1 huevo
Sal fina
Una taza de desayuno llena de
caldo de carne.

do, un poco de sal, el trocito de guindilla y el caldo. Removeremos y los haremos rápidamente como las angulas.

Finalmente cascaremos un huevo en la cazuelita y esperaremos a que éste cuaje, momento en el que podremos servir ya el pescado.

[1] Pescado conocido también como Chipas ó Bermejuelas.

228. Eskallus[1] al estilo navarro

Ingredientes para 4 personas:

800 gramos de eskallus
6 dientes de ajo
3 ñoras (pimientos secos)
Sal fina
2 tazas de desayuno llenas de
aceite
2 guindillas.

Limpio el pescado al chorro del agua y bien seco en un paño, echaremos sal.

Pondremos las ñoras a remojo en agua caliente por espacio de 3 horas como mínimo.

En una cazuela de barro plana, con el aceite, freiremos los dientes de ajo pelados y cortados a trocitos, echaremos también las guindillas cortadas por la mitad y la carne que hayamos podido sacar de las ñoras. Rehogaremos rápidamente en la cazuela los eskallus (de 5 a 8 minutos) sirviéndolos rápidamente en la misma cazuela.

[1] Pescado conocido también como Chipas ó Bermejuelas.

229. Dentón a la eibarresa

Ingredientes para 3 personas:

500 gramos de dentón
Sal
1 taza de desayuno llena de harina
Aceite
3 ñoras (pimientos secos)
2 cebollas gordas

2 dientes de ajo
Unas ramas de perejil
$\frac{1}{4}$ de litro de caldo de
pescado
Pimienta
Azúcar.

Cortaremos el dentón y, una vez limpio, despellejado y lavado, lo cortaremos a trozos regulares, echándoles sal. Los pasaremos por la harina y los freiremos en aceite abundante. Una vez fritos, los colocaremos en una cazuela de barro.

Prepararemos la salsa empezando por remojar las ñoras, que serán muy carnosas, en un poco de agua caliente. Utilizando la misma sartén en que hemos frito el pescado (añadiéndole un poco más de aceite si es necesario), echaremos las cebollas peladas y bien trinchadas, los dientes de ajo, pelados y enteros, el perejil picado. Cuando empiece a tomar color dorado, añadiremos el caldo de pescado, sal, un poco de pimienta, una pizca de azúcar y dejaremos que cueza hasta que la cebolla quede bien hecha. Llegado a este punto, incorporaremos a la salsa la carne de los pimientos choriceros (que habremos raspado con una cuchara toda la carne que puedan tener). Dejaremos cocer unos 10 minutos más.

Pasaremos la salsa por un colador o cedazo fino, apretando bien, con una cuchara o mano de mortero, al objeto de que pase todo lo más posible y quede espesa.

Cubriremos el pescado con su salsa y lo haremos cocer lentamente hasta que el dentón esté bien hecho.

Poco antes de terminarse su cocción (es necesario que se dore un poco por encima) lo meteremos al horno a que se gratine (si no se tiene cocina de gas con gratinador, puede resolverse colocando una lata o una tapa con brasas de carbón vegetal bien prendidas).

Antes de dorarlo, es conveniente que lo rectifiquemos de sal.

Esta receta suele hacerse de un día para otro, y en el momento de servirlo a la mesa se recalienta en la cazuela.

230. Dentón a la vasca

Ingredientes para 4 personas:

4 trozos de dentón (con un peso aproximado de 600 a 750 gramos)
1 taza de desayuno llena de vino blanco
Aceite
Sal
1 cucharada sopera llena de pimentón encarnado
2 yemas de huevo duro
2 dientes de ajo
1 barrita de pan
40 gramos de almendras tostadas
1 taza de desayuno llena de agua.

Limpio el pescado, le daremos unos hervores con el agua y con el vino blanco, sazonando con sal. Una vez hecho, lo escurriremos y pondremos en una cazuela de barro (reservando el caldo de su cocción).

Cortaremos dos o tres rebanadas del pan muy finas y las refreiremos en aceite, machacándolas en el mortero con dos cucharadas de aceite, los ajos pelados y enteros, las yemas de huevo duro, las almendras y el pimentón.

Aclararemos este machacado con el agua de hervir el pescado, lo colaremos y echaremos sobre el dentón que tenemos en la cazuela, moveremos ésta y la dejaremos hervir unos momentos (sobre fuego lento), moviendo de vez en cuando la cazuela para que no se pegue.

231. Truchas al estilo de Sarobe

Ingredientes para 4 personas:

4 truchas de ración (1 trucha de ración ideal tendrá un peso que oscile entre los 150 a los 200 gramos)
Sal fina
100 gramos de tocino de jamón
4 limones
3 cucharadas soperas llenas de perejil fresco picado
50 gramos de mantequilla.

Limpiaremos cuidadosamente las truchas, vaciándolas y quitándoles las escamas; después las espolvorearemos con sal y dejaremos reposar de 10 a 15 minutos, como mínimo, al objeto de que tomen bien la sal.

En una sartén derretiremos el tocino de jamón (que no esté rancio) hasta obtener una cucharada de grasa por cada trucha. Quitaremos los chicharrones formados y, en la grasa caliente, pondremos las truchas, previamente secadas con un paño y sin pasarlas por harina, sencillamente tal y como las dejamos al salarlas.

Las freiremos muy despacio, con la sartén tapada y a los tres minutos les daremos la vuelta, dejándolas freír otros tres minutos y siempre con la sartén tapada. Pasado el tiempo indicado, retiraremos la sartén del fuego, dejándola todavía cosa de un minuto reposando fuera del calor, luego pasaremos las truchas, con mucho cuidado, a una fuente de barro, dejando en la sartén toda la grasa que quede y que no utilizaremos. Rociaremos las truchas con el jugo de los limones, las espolvorearemos con el perejil picado, y pondremos sobre cada trucha tres trozos de mantequilla del tamaño de tres avellanas.

Meteremos la fuente al horno, con las truchas, y cuando las bolitas de mantequilla estén derretidas, las serviremos rápidamente en la misma fuente de cocción.

232. Truchas con jamón

Ingredientes para 4 personas:

4 truchas de ración (con un peso entre 150 a 200 gramos cada una)
150 gramos de jamón con un poco de grasa
100 gramos de tocino entreverado

Limpias las truchas, sin raspas ni tripas, las secaremos bien con un paño y echaremos sal por dentro y por fuera.

En una sartén, con el aceite, puesta al fuego, freiremos el tocino hasta que suelte toda la grasa (retiraremos los torreznos que pueda haber) y freiremos ahora el jamón, que tendremos cortado en 4 tajadas o lonchas. Una vez

6 cucharadas soperas llenas de aceite
1 taza de desayuno llena de harina
Sal.

fritas las colocaremos en una fuente y en la misma grasa freiremos las truchas, después de pasarlas por harina.

Serviremos las truchas bien fritas, recién hechas, y con un trozo de jamón por encima de cada una de ellas.

Capítulo VIII

MARISCOS Y CRUSTACEOS

233. Langosta estilo de Bilbao

Ingredientes para 3 personas :

1 langosta de 1 kilo de peso
1½ litros de agua
½ kilo de tomates frescos muy
maduros
2 dientes de ajo
1 cucharada sopera llena de
perejil picado
2 cucharadas soperas llenas de
harina
1 cebolla mediana
2 papelitos de azafrán en rama
¼ litro de sidra
2 cucharadas soperas llenas de
pan rallado
Sal
3 cucharadas soperas llenas de
mantequilla
2 pimientos rojos de lata
3 cucharadas soperas llenas de
aceite.

Pondremos el agua en una cazuela, con bastante sal (el doble que se pondría para un pescado de ese peso) y la arrimaremos al fuego. Cuando rompa a hervir echaremos la langosta entera, dejándola hervir unos 30/45 minutos.

La retiraremos del fuego y dejaremos, tapada y en el agua caliente, unos 10 minutos, pasados los cuales se escurre, descascarilla y corta su carne en rodajas (guardaremos las patas para el adorno). Haremos aparte la salsa, poniendo el aceite en una sartén, al fuego, y friendo en él la cebolla pelada y trinchada, los dientes de ajo pelados y picados, el perejil, los tomates (que habremos pelado y reducido a puré con el tenedor), el azafrán y la harina, rehogaremos todo bien y le incorporaremos la sidra.

Echaremos sal y pasaremos por el chino a otro recipiente que pondremos, a su vez, sobre el fuego, añadiéndole los pimientos rojos de lata cortados a tiras.

Prepararemos la langosta (sólo su carne) en una tartera o fuente de horno y la cubriremos con la salsa, espolvoreando sobre ella el pan rallado y poniendo la mantequilla a trocitos por toda la superficie.

La meteremos al horno unos 15 minutos, pasados los cuales la serviremos acompañada de sus patas a modo de adorno.

234. Langosta a la vasca

Ingredientes para 6 personas :

1 langosta de 2 kilos de peso
300 gramos de cebollas picadas
2 pimientos rojos de lata
7 cucharadas soperas llenas de
aceite
2 cucharadas soperas llenas de

Rehogaremos en el aceite puesto en una sartén, al fuego, la cebolla; así que haya tomado color rubio dorado, agregaremos los ajos pelados y picados, el perejil picado, la harina y los tomates mondados y picados, incorporaremos el vino blanco y los pimientos, sazonaremos con sal, un poco de pimienta, y otro poco de nuez moscada, rallada, así como con el azafrán y lo haremos lentamente, durante 30 minutos;

harina
2 decilitros de vino blanco
400 gramos de tomates frescos
2 papelitos de azafrán en rama
3 dientes de ajo
2 cucharadas soperas llenas de
perejil picado
1 limón
1 cucharada sopera llena de pan
rallado
30 gramos de mantequilla
Sal
Pimienta blanca en polvo
Nuez moscada
4 litros de agua.

Ingredientes para 4 personas:

4 langostas de ración
2 docenas de almejas
4 pimientos verdes frescos
3 dientes de ajo
Sal
Aceite
2 cebollas medianas
Pimienta en polvo
1 cucharada de perejil picado
1 poco de ron
8 triángulos de pan frito
½ hoja de laurel
2 vasos de agua llenos de sidra
100 gramos de jamón
2 vasos de agua llenos de agua
Un poco de orégano.

seguidamente lo pasaremos por un tamiz, obteniendo así una salsa espesa que reservaremos.

Prepararemos un puchero al fuego con 4 litros de agua sazonada con sal; así que rompa a hervir añadiremos la langosta y la coceremos durante media hora; a continuación la pasaremos por agua fría, quitaremos el caparazón y cortaremos en rodajas, colocando éstas en una cazuela de barro.

Cubriremos la langosta en la salsa, espolvorearemos con el pan rallado y pondremos la mantequilla ablandada por encima, metiéndola al horno durante 25 minutos, de modo que tome color dorado. Al sacarla del horno, la rodearemos con las rodajas cortadas del limón y la serviremos.

235. Langosta Ramonchu

Coceremos las langostas y las almejas en una cazuela puesta al fuego con la sidra, el agua, el laurel, el orégano y bastante sal.

Lo dejaremos el tiempo preciso para que las almejas se abran por completo. Una vez hecho, escurriremos langosta y almejas y conservaremos el caldo en un recipiente, pero antes lo habremos colado.

Asaremos los pimientos y los despojaremos de piel y pepitas, cortándolos a tiras que freiremos en aceite con uno de los dientes de ajo pelado, y picado, y sal.

En una cazuela de barro pondremos un poco de aceite y allí freiremos las cebollas y los restantes dientes de ajo, así como el jamón cortado a tiras. A los pocos momentos agregaremos las langostas peladas y cortadas a rodajas y las almejas sin cáscara, sazonaremos con sal, pimienta y perejil picado, rehogaremos bien y agregaremos el caldo de cocer las langostas y unas gotas de ron, dejándolo que todo hierva por espacio de 10 minutos.

Presentaremos el plato cubierto con su propia salsa y con los triángulos de pan frito alrededor.

236. Centolla a la donostiarra

Ingredientes para 4 personas :

1 centolla bien fresca (con un peso aproximado de 2 kilos)
4 puerros
2 zanahorias
1 cebolla mediana
1 cucharada sopera llena de concentrado de tomate
1 cucharada sopera llena de aceite de muy buena calidad
100 gramos de mantequilla
1 diente de ajo
½ vaso de vino lleno de coñac
½ vaso de vino lleno de jerez seco
3 cucharadas soperas llenas de caldo de carne ya preparado
1 cucharada sopera llena de perejil picado
1 cucharada sopera llena de pan rallado
Sal
½ cucharada sopera llena de pimentón encarnado picante
Un poco de cayena en polvo
2 litros de agua
250 gramos de merluza cocida (carne de la merluza para el relleno).

Pondremos el agua en una cacerola ancha y echaremos en ella, puesta al fuego, un buen puñado de sal y una pizca de polvo de cayena; así que rompa a hervir añadiremos media cebolla pelada y cortada a rodajas, dos de los 4 puerros, pelados, y sólo su parte blanca, y las zanahorias peladas y cortadas a rodajas.

Cuando el hervor del agua sea muy fuerte sumergiremos la centolla, dejándola cocer de 20 a 25 minutos.

Una vez cocida, la escurriremos y procederemos a vaciar toda su carne (la del caparazón y la de sus patas). Picaremos la carne y la reservaremos en un plato.

Pondremos el aceite en una sarten arrimando ésta al fuego, y le añadiremos la mitad de la mantequilla. En esta grasa freiremos el diente de ajo pelado y picado, los restantes puerros pelados y la cebolla restante (ambos pelados y muy picaditos). Rehogaremos bien sin que llegue a tomar color tostado y lo removeremos con la cuchara de palo. Incorporaremos la merluza cocida (muy desmenuzada), el concentrado de tomate, el jerez, el coñac y la carne que reservamos de la centolla.

Cuando lleve haciéndose unos 10 minutos, agregaremos el caldo, la sal, el pimentón y una pizca de cayena (debe picar un poco). Este relleno o mezcla debe estar jugoso, no pastoso o seco.

Rasparemos bien el caparazón de la centolla con un cepillo y lo lavaremos al chorro del agua. Bien escurrido, lo untaremos con el resto de la mantequilla, rellenaremos y espolvorearemos este relleno con una mezcla hecha con el pan rallado y el perejil, metiéndolo al horno hasta que se dore un poco, no mucho, pues se secaría.

237. Txangurro (centollo) relleno

Ingredientes para 4 personas :

1 Txangurro gordo (con peso aproximado de 2 kilos)

Al txangurro se le conoce en vasco, no sólo por este nombre, sino también por el de «armi-arma» o «irmi-arma». Se trata del centollo.

151

2 puerros
2 zanahorias medianas
1 cebolla
1 diente de ajo
1 cucharadita de café llena de harina
2 tomates maduros
1 copita de licor llena de ron
1 copita de licor llena de vino blanco seco
Sal
2 litros de agua
Pimienta negra en polvo
3 cucharadas soperas llenas de mantequilla
2 cucharadas soperas llenas de perejil picado
1 cucharada sopera llena de pan rallado
2 cucharadas soperas llenas de aceite.

Empezaremos por cocerlo unos 20 minutos en el agua (echándolo cuando hierva ésta) y con uno de los puerros y una de las zanahorias, pelada y partida, y un casco de la cebolla; añadiremos mucha sal.

Una vez cocido, separaremos de la cáscara toda su carne, así como la de las patas, y picaremos todo muy menudo. Prepararemos el otro puerro, la zanahoria y el resto de la cebolla, bien picado.

En una sartén freiremos el diente de ajo en la cucharada de aceite; retirar el ajo cuando esté dorado y echaremos entonces las verduras picadas, dejándolas rehogar un rato; incorporaremos la harina y dejaremos rehogar otro poco. Echaremos los tomates, pelados y picados, y que cueza unos cinco minutos, moviendo continuamente. Agregaremos ahora la copita de ron, la de vino blanco y unas cucharadas del caldo de cocer el centollo. Procuraremos que esta salsa quede espesa. Añadiremos sal y pimienta y dejaremos cocer unos diez minutos más, añadiendo, por último, las tres cucharadas de mantequilla.

Mezclaremos entonces, con la salsa, la carne del txangurro, previamente picada (no muy menuda) y rellenaremos la cáscara; después de bien limpia y cepillada. Espolvorearemos el perejil muy picado y el pan rallado.

Casi al momento de servirlo lo meteremos, unos 5 minutos, a horno fuerte.

238. Txangurro (centollo) con pescadilla

Ingredientes para 4 personas:

2 txangurros (con un peso aproximado de 2 kilos)
Agua
1 cebolla gorda
1 diente de ajo
Unas ramas de perejil

Una vez cocidos los txangurros en agua con mucha sal, pelaremos las patas y reuniremos todas las carnes del txangurro, añadiendo los 200 gramos de pescadilla previamente cocida. Toda esta carne, trinchada, la mezclaremos con un buen sofrito hecho con 2 cucharadas de aceite, la cebolla, el diente de ajo, perejil y los tomates (todo pelado y trinchado) agregándole la copa de coñac, sal,

1 tomate maduro
3 cucharadas soperas llenas de
aceite
200 gramos de pescadilla
1 copa de licor llena de coñac
Sal
Pimienta blanca en polvo
1 vaso de vino lleno de vino
blanco
2 cucharadas soperas llenas de
pan rallado
2 cucharadas soperas llenas de
mantequilla.

pimienta en polvo, y el vino blanco. Hemos de obtener un conjunto más bien espeso.

Rellenaremos los caparazones, que espolvorearemos con el pan rallado, rociaremos con aceite y mantequilla y los doraremos en el horno.

239. Almejas de Fuenterrabía a la marinera

Ingredientes para 3 personas:

1 kilo de almejas
3 cucharadas soperas llenas de
aceite
1 limón
3 dientes de ajo
1 cebolla
½ cucharada sopera de pimentón
encarnado dulce
4 tomates
1 vasito de vino lleno de vino
blanco seco
Sal
Pimienta en polvo
1 cucharada sopera llena de
perejil picado.

Lavadas las almejas, las dejaremos en un remojo de agua fría con sal, una hora más o menos.

Pelaremos y picaremos los ajos, las cebollas y los tomates y lo freiremos, en el aceite, puesto en una cazuela de barro al fuego. Cuando este sofrito esté ya hecho le incorporaremos el pimentón y las almejas (escurridas), así como el zumo del limón (colado), el vino y el perejil. Sazonaremos con sal y un poco de pimienta y que se haga a fuego vivo, para que las almejas abran sus valvas; ya **abiertas**, que **sigan** su cocción a fuego lento unos 10/15 minutos más.

Serviremos en la misma cazuela.

240. Chirlas (almejas) en salsa verde

Ingredientes para 3 personas:

1 kilo de chirlas
2 cucharadas soperas llenas de
perejil picado

Herviremos las chirlas en el agua (caliente) después de haberlas lavado perfectamente.

Pondremos al fuego una cazuela de barro con el aceite y los ajos bien picados, y echaremos las chirlas junto con

4 cucharadas soperas llenas de
aceite
Sal
½ cucharada sopera llena de
harina
1 taza de desayuno llena de caldo
de carne
3 dientes de ajo
Agua.

el perejil bien picado, revolveremos con una cuchara de palo.

Cuando lo veamos rehogado, le añadiremos media cucharada de harina, el caldo de carne y dejaremos cocer unos diez minutos, sirviéndolas en la misma cazuela de cocción.

241. Chirlas (almejas) en cazuela

Ingredientes para 3 personas:

1 kilo de chirlas
5 cucharadas soperas llenas de
aceite
1 cebolla gorda
3 cucharadas soperas llenas de
salsa de tomate[1]
Sal
1 copita de licor llena de coñac
1 cucharada sopera llena de pan
rallado.

Escogeremos, de preferencia, chirlas gordas que limpiaremos bien en varias aguas. En una cazuela de barro echaremos el aceite y en éste freiremos la cebolla pelada y finamente picada. Así que esté dorada, añadiremos las chirlas, el pan rallado, las tres cucharadas grandes de salsa de tomate espesa, sal y el coñac, tapando bien la cazuela y dejándola que cueza, poco a poco, unos minutos.

Las serviremos muy calientes.

_____
[1] Para hacer la salsa de tomate consultar Capítulo I, receta núm. 8.

242. Gambas fritas

Ingredientes para 3 personas:

600 gramos de gambas
2 limones
100 gramos de mantequilla
3 cucharadas soperas llenas de
aceite
Sal.

Lavaremos bien las gambas y las escurriremos.

Pondremos en una sartén, al fuego, el aceite y la mantequilla; cuando esté caliente le echaremos las gambas y pondremos sal, friéndolas unos 5 minutos.

A continuación las escurriremos y colocaremos en una fuente sin quitarles el caparazón. La grasa de freírlas la volveremos a calentar un poco y la verteremos sobre las gambas, presentándolas inmediatamente a la mesa, acompañadas con grandes rodajas que habremos cortado de los limones.

154

243. Mojojones (mejillones) estilo vasco

Ingredientes para 1 persona:

1 kilo de mojojones
4 tomates maduros
3 cucharadas soperas llenas de
aceite
1 cucharada sopera llena de pan
rallado
1 vaso de vino lleno de vino
blanco
Sal
Pimienta
Unas ramas de perejil.

Pelados y chafados los tomates, los freiremos durante largo rato, en el aceite y la mantequilla, hasta reducirlos a salsa; les añadiremos el pan rallado, sal, un poco de pimienta y el vino blanco.

Lavados y raspados los mojojones, con un cepillo, los pondremos en una sartén al fuego, sin nada más, sólo para que se abran. Así que estén abiertos les retiraremos su carne y la echaremos a la salsa anteriormente preparada, añadiéndoles algo del líquido que habrá en el fondo de la sartén.

Que cuezan unos 15 minutos en la salsa. Los serviremos calientes y agregando a última hora el perejil picado.

244. Mojojones (mejillones) Cantabria

Ingredientes para 1 persona:

1 kilo de mojojones
Un poco de perifollo
1 limón
1 puerro
$\frac{1}{2}$ cucharada sopera de harina
1 vaso de vino lleno de vino
blanco
1 cucharadita de café llena de
salsa de mostaza
Pimienta blanca en polvo
Sal
3 cucharadas soperas llenas de
aceite.

Limpiaremos y rasparemos bien los mojojones y los abriremos, en una cazuela al fuego, con un poco de agua.

Pondremos el aceite en una cazuela de barro y en ella, al fuego, freiremos el puerro pelado y picado, añadiéndole la harina, el perifollo (muy cortadito), y así que ésta comience a tostarse, el vino blanco y la salsa de mostaza, así como un poco de pimienta.

Todo rehogado, incorporaremos los mojojones, junto con un poco del caldo (colado) de su cocción, dejándolos hacer 10/15 minutos.

Al momento de servir les añadiremos el zumo de medio limón exprimido y colado.

245. Cangrejos de Echalecu

Ingredientes para 2 personas:

4 docenas de buenos cangrejos
3 tomates frescos

Empezaremos por hacer una buena salsa de tomate con los tomates pelados y trinchados, la cebolla pelada y cortada, el aceite y los pimientos verdes cortados a cuadros. La

155

1 cebolla
2 pimientos verdes
80 gramos de jamón sin grasa
Sal
1 guindilla picante pequeña
Aceite

prepararemos en una cazuela de barro de forma que se haga lentamente.

Aparte, freiremos los cangrejos en vivo, después de bien lavados, en una sartén al fuego con aceite (el aceite estará bien caliente, para que así, la carne de los cangrejos, salga muy dura). El aceite será abundante y estará humeando para que los cangrejos queden bien. Una vez hechos, los incorporaremos a la cazuela de barro con la salsa de tomate, añadiendo sal y la guindilla y dejándolo que se haga, todo junto, unos 15 minutos.

246. Cangrejos a la pamplonesa

Ingredientes para 4 personas:

2 kilos de cangrejos
1 clavo de especias
1 cucharada sopera llena de perejil picado
Pimienta blanca en polvo
2 cebollas
1 zanahoria
á vaso de vino lleno de vino blanco
Sal
2 cucharadas soperas llenas de manteca de cerdo.

Lavados los cangrejos (para que suelten toda la tierra), los pondremos en una cazuela de barro junto con la manteca, el clavo, el perejil, las cebollas peladas y trinchadas, la zanahoria pelada y cortada a ruedas y que se hagan, poco a poco, hasta que cambien de color, momento en el que echaremos el vino, sal y un poco de pimienta. Hervirán, a fuego lento, una media hora.

Estos cangrejos pueden servirse en la misma cazuela, o bien en una fuente.

247. Percebes

Ingredientes para 3 personas:

2 kilos de percebes
3 litros de agua
180 gramos de sal gorda.

Lavaremos primero los percebes en agua fría y luego pondremos al fuego una cazuela con el agua y la sal. Cuando el agua arranque a hervir incorporaremos en ella los percebes, que deben quedar cubiertos con el líquido y los dejaremos cocer cinco minutos, empezando a contarlos desde que el agua rompa de nuevo a hervir. Transcurridos los cinco minutos, los retiraremos del fuego, dejándolos enfriar en su mismo caldo.

Una vez fríos, los escurriremos y serviremos. La recomendación de dejarse enfriar en el agua donde cocieron es al objeto de que tomen bien la sal, ya que si los escurrimos antes de haberse enfriado resultarían **sosos** (en **Guipúzcoa**, algunos los prefieren tibios).

Capítulo IX

CARNES

248. Carne rellena

Ingredientes para 4 personas:

1 kilo de ternera en un solo trozo plano
3 huevos cocidos
3 zanahorias tiernas
¼ kilo de espinacas
150 gramos de jamón sin grasa
1 lechuga
150 gramos de vainas (judías verdes)
1 taza de desayuno llena de harina
75 gramos de manteca
Unas ramas de perejil fresco
2 tazas de desayuno llenas de caldo de carne
8 triángulos de pan frito
Nuez moscada
Sal fina.

Prepararemos las vainas (sin hilos) cortadas muy pequeñas; la lechuga (lo más tierno) picada, las zanahorias raspadas y a rodajitas; las espinacas (limpias, sin rabos) y picadas; el jamón a rebanaditas y los huevos pelados y cortados a discos finos.

Sobre la carne, abierta y con un poco de sal, pondremos todo lo indicado anteriormente para el relleno en crudo, envolveremos la carne y la ataremos con una cuerda fina especial para este menester. Pasaremos después la carne por parte de la harina y la doraremos en la manteca, que tendremos ya en una cazuela sobre el fuego, la daremos vueltas para que tome un poco de color; cuando la veamos tostada, la retiraremos a una fuente y en la grasa tostaremos dos cucharadas soperas llenas de harina y le añadiremos el perejil picado y el caldo. Lo dejaremos hervir unos diez minutos y lo pasaremos a otro recipiente colándolo convenientemente.

Volveremos la carne a la cazuela, la cubriremos con la salsa y rasparemos un poco de nuez moscada. Ahora la carne terminará su cocción lentamente hasta que esté muy tierna.

La serviremos cortada a rodajas después de quitar la cuerda. Se corta mucho mejor fría y se calienta después de nuevo.

249. Rollo de ternera a la vasca

Ingredientes para 4 personas:

1 kilo de carne de ternera (de la parte de la falda)
3 huevos crudos
1 cebolla gorda
100 gramos de jamón propio para cocinar

Frotaremos bien la carne, ya abierta en forma de libro o en forma de bolsa, con uno de los dientes de ajo, dejándola reposar unos 10 minutos.

Batiremos bien los huevos y haremos con ellos y un poco de aceite, en una sartén al fuego, una tortilla que rellenaremos con el jamón y las tiras de pimientos, ambos cortados a trozos; esta tortilla conviene que salga grande.

1 lata pequeña de pimientos rojos
1 vaso de vino lleno de vino
blanco
2 dientes de ajo
1 cucharada sopera llena de
perejil picado
Sal
Agua
Patatas
Aceite.

Fuera del fuego y ya fría la cortaremos a lo largo con unas tijeras.

Daremos sal a la carne y la rellenaremos con la citada tortilla procediendo a envolverla y atarla con hilo especial (también puede coserse).

Pondremos aceite en una cazuela honda y en ella doraremos el rollo a fuego vivo, agregándole la cebolla picada, el otro diente de ajo machacado al mortero y el vino blanco; rectificaremos de sal y lo dejaremos cocer despacio hasta que esté tierno. Le agregaremos agua fría de vez en cuando y en pequeñas cantidades para que no se pegue.

Ya en su punto, lo separaremos del fuego y dejaremos enfriar; después le quitaremos los hilos, cuando esté bien frío, y lo cortaremos en rodajas, colocándolas en una fuente alargada y, sobre ellas, verteremos la salsa caliente y pasada por el colador.

También podemos servirla fría. La acompañaremos con patatas fritas.

250. Rosca de Bilbao

Ingredientes para 4 personas :

1 kilo de carne picada de ternera
2 zanahorias
2 huevos crudos
1 taza de café llena de leche
100 gramos de harina
1 taza de café llena de pan
rallado
50 gramos de manteca de cerdo
2 tazas de desayuno llenas de
caldo de carne
Sal
Pimienta blanca en polvo
Ramas de perejil fresco
Nuez moscada
8 panes fritos.

Prepararemos la carne en una vasija honda y le añadiremos las zanahorias bien peladas y muy picadas, la leche, el pan rallado y las dos yemas de los huevos, así como un poco de sal y pimienta. Formaremos, con las manos, una rosca con harina y con las dos claras de los huevos bien batidas (untaremos completamente la carne con la harina y las claras).

Esta rosca la freiremos en una sartén grande al fuego, que tendrá la manteca, y cuando esté bien dorada, la retiraremos a una cazuela, preparando la salsa en la misma manteca con un ramillete de perejil y un par de cucharadas rasas de harina. Cuando la salsa se dore, la pasaremos por un colador, le añadiremos el caldo, un poco de sal y otro poco de nuez moscada rallada y la verteremos sobre la rosca. Arrimaremos la cazuela al fuego y que hierva, poco a poco, la carne con la salsa.

A la hora de servirla, la cortaremos en frío y presentaremos los trozos de pan frito junto con los de la rosca en una fuente.

251. Estofado a la vizcaína

Ingredientes para 4 personas:

1 kilo de carne de buey (de la parte de la cadera)
5 zanahorias tiernas
4 dientes de ajo
1 cebolla gorda picada
100 gramos de jamón sin grasa
6 cortezas de tocino de jamón
1 hoja de laurel
Un poco de tomillo
Un poco de canela en polvo
2 clavos de especia
2 granos de pimienta blanca
1 vaso de vino lleno de coñac
Sal
1 vaso de agua lleno de agua
1 vaso de agua lleno de vino tinto.

Elegiremos una olla o puchero de barro, de base ancha y de boca estrecha, poniendo en su fondo la mitad de las cortezas de jamón; de la cebolla picada; de las zanahorias peladas y cortadas a rodajas finas; del jamón; de los dientes de ajo; del laurel y del tomillo. Sobre este lecho, la carne cortada a cuadros desiguales a los que echaremos sal, pimienta en grano y un poco de canela, procediendo a poner sobre ella el resto que nos ha quedado, además de agregarle coñac, el agua y el vino tinto. Todo este proceso se hace fuera del calor arrimando el puchero al fuego, bien tapado (incluso puede ponerse un papel alumínico a su boca) y dejándolo cocer lentamente de 2 a 3 horas o acaso más, según la clase de la carne.

Servirlo en el mismo puchero y muy caliente.

252. Redondo asado

Ingredientes para 4 personas:

1 redondo de buey
(aproximadamente de 1 kilo de peso)
150 gramos de manteca de cerdo
2 docenas de cebollitas pequeñas
1 vaso de desayuno lleno de agua
1 vaso de vino lleno de jerez seco
Patatas en pastel
Sal.

Limpiaremos bien el redondo de telillas, pero sin quitar la grasa que tuviera. Salaremos y ataremos el redondo poniéndolo en una cazuela con la manteca y las cebollitas, peladas y enteras, dejándolo hacer sobre el fuego, vivamente, para que adquiera un bonito color dorado. A media cocción añadiremos el jerez y el agua, taparemos y que se haga, a fuego lento, hasta que esté muy tierno.

La serviremos después de quitar la cuerda y cortando a ruedas junto con el pastel de patata.

253. Redondo de vaca a la cazuela

Ingredientes para 4 personas:

1 redondo de vaca entero (con un peso aproximado de 1 kilo)
¼ de litro de aceite
1 cabeza grande de ajos
1 cucharada sopera llena de harina
2 zanahorias medianas
4 tomates rojos frescos
2 vasos de vino llenos de vino blanco seco
Sal
2 tazas de desayuno llenas de agua y algo más.

En una sartén, al fuego, echaremos parte del aceite y en ella doraremos bien el redondo por todos los lados después de haberlo atado y dado sal.

Así que esté dorado, trasladaremos carne y aceite a una cazuela de barro, añadiéndole los ajos sin pelar, la cebolla pelada y partida en 4 trozos y las zanahorias peladas y cortadas a rodajas, tapando la cazuela y dejando que vaya haciéndose poco a poco.

En una sartén echaremos una cucharada de harina con aceite bien caliente, removeremos con una cuchara y, cuando empiece a dorarse, verteremos todo sobre la carne junto con los tomates pelados y desmenuzados y el vino blanco, cubriremos el redondo con el agua (que estará hirviendo) y lo dejaremos que cueza durante dos horas, añadiendo más agua hirviendo cuando sea preciso.

Al cabo de este tiempo comprobaremos si la carne está tierna, pinchándola con un tenedor; si entra con facilidad, será ya el momento de sacar la carne y ponerla en una fuente, dejándola enfriar antes de proceder a cortarla a rodajas.

La salsa, pasada por un colador, la serviremos sobre la carne.

254. Carne asada con cebollitas

Ingredientes para 4 personas:
redondo de buey (puede elegirse otra parte del animal propia para asar con un peso aproximado de 1.300 gramos)
150 gramos de manteca de cerdo
600 gramos de cebollitas muy pequeñas e iguales
1 copa de licor llena de jerez seco
Sal
Pimienta blanca en polvo
1 vaso de agua lleno de agua.

Preparada la carne en un trozo la limpiaremos, salaremos y ataremos con un cordel fino.

En una cazuela ancha de barro, con la manteca, y al fuego, colocaremos la carne junto con las cebollitas peladas y enteras y doraremos ambas a fuego más bien vivo, de forma que tomen un color dorado. Una vez adquirido este color añadiremos el agua y el jerez, bajaremos sensiblemente el fuego, taparemos bien la cazuela y que se haga lentamente, hasta su total cocción.

Serviremos la carne cortada a rodajas junto con su propia salsa y acompañaremos con las cebollitas.

255. Tapa de ternera mechada

Ingredientes para 4 personas :

1 kilo de tapa de ternera en un trozo y cortado en forma redonda
½ kilo de judías verdes
125 gramos de tocino fresco cortado en lonchas finas
2 cebollas medianas
Unas ramas de perejil
3 tomates medianos bien maduros
100 gramos de jamón cortado en lonchas finas
2 dientes de ajo
1 trufa
1 copa de vino llena de vino blanco
Nuez moscada
10 cucharadas soperas llenas de aceite
Sal
Agua.

Pondremos a hervir las judías después de quitar sus hilos y cortadas en trozos, en agua y sal; ya hechas las escurriremos y reservaremos.

Cortaremos las lonchas de jamón y las de tocino en tiras finas; con la aguja de mechar pondremos estas tiras en la carne alternando las tiras de jamón con las de tocino, igualmente la trufa cortada en trocitos; a continuación la ataremos y sazonaremos de sal, teniendo en cuenta que el jamón ya la lleva.

Rehogaremos en una cazuela con el aceite muy caliente, cuando esté dorada, le incorporaremos la cebolla, pelada y cortada en trozos, los tomates limpios y sin piel, partidos en trozos, y un poco de ralladura de nuez moscada, y continuaremos rehogándola. Machacaremos los ajos con el perejil en el mortero, y los desleiremos con el vino blanco, añadiendo este majado a la carne, y dejándola cocer lentamente hasta que esté muy tierna. En ese punto la retiraremos de la salsa, y le quitaremos el hilo, cortándola en rodajas, que se colocarán escalonadamente en una fuente. Pasaremos la salsa por un asador. La mitad de ella servirá para rehogar las judías, que después se ponen alrededor de la carne y la otra mitad de la salsa cubrirá todo lo de la fuente al tiempo de servirla.

256. Ternera guisada con salsa de almendras

Ingredientes para 4 personas :

1 kilo de carne de ternera propio para guisar
½ vaso de desayuno lleno de vino blanco
Unas ramas de perejil
1 rebanada de pan
8 almendras tostadas

Cortaremos la ternera a trozos, y la sazonaremos con uno de los dientes de ajo, dejándola reposar media hora. En una cazuela al fuego, pondremos a calentar la manteca y le añadiremos sal a la carne, rehogándola en la grasa caliente hasta que esté dorada; a continuación le echaremos la cebolla pelada y muy picada, el laurel, el perejil machacado en el mortero con el diente de ajo restante y desleído en el vino blanco, dejándolo cocer todo lentamente.

1 cebolla mediana
½ hoja de laurel
2 dientes de ajo
2 pimientos rojos de lata
½ kilo de patatas
1 yema de huevo crudo
1 cucharada sopera llena de
mantequilla
3 cucharadas soperas llenas de
aceite
Sal
50 gramos de manteca de cerdo.

Ingredientes para 4 personas:
1 kilo de carne de buey propia
para guisar
2 cebollas medianas
2 zanahorias medianas que sean
tiernas
100 gramos de tocino salado
1 vaso de agua lleno de vino tinto
Sal
Pimienta blanca en polvo
1 hoja de laurel
1 cucharada sopera llena de
perejil picado
2 cucharadas soperas llenas de
puré de tomate concentrado
1 lata de champiñones
1 vaso de agua lleno de agua
2 cucharadas soperas llenas de
aceite.

Freiremos la rodaja de pan en el aceite hasta que esté dorada, sin que se queme, y la machacaremos en el mortero junto con las almendras, lo desleiremos con un poco de agua y lo echaremos a la carne a media cocción. Dejándolo cocer nuevamente hasta que la carne esté completamente tierna.

Coceremos las patatas con piel, en un poco de agua y sal; ya cocidas, las escurriremos y pelaremos, poniéndolas a secar un momento en el horno y pasándolas por el pasador, les añadiremos la mantequilla y la yema y trabajando un momento al lado del fuego, dejándolo cocer unos momentos.

Cuando la carne está en su punto la pasaremos a una fuente, colando bien la salsa por un colador, o por un pasador, y vertiéndola por encima. Pondremos el puré en la manga pastelera con boquilla ancha y adornaremos con un cordón de puré alrededor de la carne. Al tiempo de servirlo lo completaremos con las tiras hechas de los pimientos de lata.

257. Carne de buey con vino tinto

Cortada la carne a trozos irregulares, y con un poco de sal, prepararemos una cazuela al fuego, con el aceite y el tocino; así que éste se deshaga, echaremos la carne junto con las zanahorias, y las cebollas, ambas peladas y trinchadas. Rehogaremos bien y añadiremos un poco de pimienta, el laurel, el concentrado de tomate, el vino y el agua. Taparemos la cazuela y que se haga poco a poco, unas 2/3 horas. Media hora antes de dar por finalizada su cocción, incorporaremos los champiñones de lata, bien escurridos, y cortados finamente.

258. Ropa vieja

Ingredientes para 3 personas:

*Carne sobrante de hacer caldo o
cocido (aproximadamente unos
600 a 700 gramos)
2 cebollas medianas bien picadas
2 pimientos rojos de lata
2 cucharadas soperas llenas de
harina
4 tomates rojos frescos
2 dientes de ajo
1 vaso de vino lleno de agua
1 vaso de vino lleno de vino
blanco seco
2 cucharadas soperas de miga de
pan fresco desmenuzada
6 cucharadas soperas llenas de
aceite
Un poco de guindilla picante.*

Tendremos la carne partida a trozos (deshilada si es de hebra) en una cazuela de barro que quepa en el horno.

Prepararemos una sartén, al fuego, con el aceite y en él freiremos la cebolla picada, los ajos pelados y picados y a esto añadiremos los tomates (pelados y reducidos a puré), la harina, un poco de sal y la guindilla, dejándolo rehogar. A media cocción incorporaremos los pimientos cortados a tiras, el vino y el agua; ésta deberá estar caliente.

Una vez hecho, lo volcaremos sobre la carne desparramando encima la miga de pan y metiendo la cazuela, a horno regular, unos 10/15 minutos, pasados los cuales serviremos la ropa vieja en la misma cazuela de cocción.

259. Carne de toro asada

Ingredientes para 4 personas:

*1 kilo de carne de toro en un solo
trozo
1 limón
2 dientes de ajo
50 gramos de manteca de cerdo
1 vaso de agua lleno de vino
blanco
Nuez moscada
Pimienta blanca en polvo
4 cucharadas soperas llenas de
aceite
Sal
Guarnición al gusto.*

Ataremos la carne con una cuerda fina y le echaremos el zumo del limón y un poco de pimienta, untándola con la manteca de cerdo y dejándola en reposo durante una hora más o menos, en un lugar más bien fresco. Pasado ese tiempo citado, la sazonaremos con sal y la pondremos en una cazuela al fuego con el aceite bien caliente, Dándole vueltas para que tome color por todos los lados. En ese punto machacaremos los ajos en el mortero y los desleiremos con el vino blanco, vertiéndolos sobre la carne y agregando un poco de ralladura de nuez moscada. Taparemos la cazuela dejándola cocer lentamente hasta que esté tierna. Una vez hecha, la separaremos del jugo y quitaremos el hilo, partiéndola en rodajas que colocaremos en una fuente. La regaremos con su propio jugo pasado por un colador y la serviremos caliente.

Si se desea acompañar la carne con alguna guarnición, ésta puede ser tiras de pimiento morrón, patatas fritas o bien una ensalada verde.

260. Chuletas de ternera a la vitoriana

Ingredientes para 4 personas:

4 chuletas de ternera (con un peso
aproximado de 800 gramos)
1 berenjena gorda
5 tomates frescos maduros
1 cebolla mediana picada
100 gramos de harina
Aceite
2 dientes de ajo
1 copita de licor llena de jerez
seco
Sal
2 pimientos rojos de lata
2 cucharadas soperas llenas de
perejil picado
1 limón.

Elegiremos chuletas todas iguales que sean bonitas; una vez dispuestas las salaremos, pasaremos por harina y freiremos, en una sartén al fuego, con aceite caliente. A medida que estén fritas las iremos dejando en una cazuela de barro y en la misma sartén con la grasa sobrante (o bien añadiendo más si fuese necesario) haremos el sofrito compuesto por la cebolla y los ajos (pelados y picados), y a los que añadiremos, así que tomen color, los tomates pelados y picados y el jerez. Salaremos todo y que se rehogue poco a poco. De los pimientos rojos sacaremos dos discos que echaremos al sofrito y por último cubriremos con él las chuletas, que meteremos al horno unos 30 minutos (aconsejamos no tenerlas más tiempo, pues se secarían).

Mientras se hacen las chuletas, preparar la berenjena cortándola en filetes o en rodajas (según su forma) dándoles sal y harina y friéndola en aceite (la berenjena no la pelaremos).

Dispondremos una fuente con las berenjenas fritas y las chuletas y pondremos, cada disco de pimiento sobre cada una de ellas, sirviéndolas a continuación espolvoreadas con el perejil picado y con el limón cortado a rodajas.

261. Chuletas de ternera a la navarra

Ingredientes para 6 personas:

6 chuletas de ternera gruesas (con
un peso aproximado de 1.500
gramos)
4 dientes de ajo
2 cebollas medianas bien picadas
3 pimientos frescos rojos
4 cucharadas de harina
¼ de kilo de tomates muy maduros

Sazonaremos de sal las chuletas y, sin aplastarlas, las pasaremos por harina y las freiremos en una sartén amplia, con aceite muy caliente. No las pincharemos para que conserven así todo su jugo. Así que estén doradas, las retiraremos y colocaremos en una cazuela, tapando ésta y conservándola al calor. En el mismo aceite freiremos la cebolla y los ajos (muy picados); cuando la cebolla esté tierna agregaremos los tomates sin piel ni semillas, y lo dejaremos rehogar un poco más, incorporando el vino y sazonando con sal

*1 vaso de vino lleno de vino
blanco
Aceite
Sal
Pimienta blanca en polvo.*

y un poco de pimienta. Seguiremos la cocción unos quince minutos más.

A los pimientos, una vez quitada la semilla, los untaremos de aceite y asaremos en el horno, dejándoles enfriar y pelándolos bien. Los partiremos en dos cada uno y conservaremos calientes. Pondremos las chuletas en una fuente y las cubriremos con los pimientos. Pasaremos la salsa por el colador chino apretándola bien y con esa salsa (bien fina) cubriremos toda la fuente.

Puede servirse así, o bien meter la fuente al horno unos diez minutos antes de presentarla a la mesa.

262. Chuletón de Berritz

Ingredientes para 1 persona:

*1 chuletón de ternera (con un peso
aproximado de 300 a 400
gramos)
1 cucharada sopera llena de
perejil picado
2 cucharadas soperas llenas de
pan rallado
patatas fritas a cuadritos
Sal fina
3 cucharadas soperas llenas de
aceite de muy buena calidad
1 diente de ajo picado.*

Elegiremos, de preferencia, una chuleta de aguja (de no haberla, la de cinta estrecha también quedará bien). Le daremos sal fina y untaremos con el aceite y el ajo picado dejándola en este adobo, al fresco, una hora.

Poco antes de presentarla a la mesa prepararemos una parrilla sobre fuego de brasa viva (o en su defecto, el que se tenga), y así que esté bien caliente, asaremos en ella la chuleta después de haberla pasado por el pan rallado y el perejil.

La haremos por ambos lados, pero recordando que por dentro la carne debe quedar poco hecha; así es más sabrosa. La acompañaremos con las patatas fritas.

263. Chuletas de buey a la bilbaína

Ingredientes para 4 personas:

*4 chuletas de buey (con un peso
aproximado de 800 a 1.000
gramos)*

Debemos elegir chuletas muy bonitas y gordas, a las que despojaremos de pieles o telas y aplastaremos ligeramente con el machete. Las salaremos y rociaremos bien con la mitad del aceite. Puestas en un plato las daremos la

6 pimientos frescos (verdes o
rojos)
2 dientes de ajo
Miga de pan fresco
12 cucharadas soperas llenas de
aceite
Sal
Unas ramas de perejil fresco.

vuelta, de vez en cuando, para que tomen bien el aceite. Este adobo durará de 2 a 3 horas.

Picaremos los ajos, pelados, en el mortero junto con el perejil y embadurnaremos con ello las chuletas, pondremos el resto del aceite y las pasaremos por la miga de pan bien desmenuzada, asándolas a la parrilla cuando sus barrotes estén muy calientes. Les daremos varias vueltas para que se asen bien, pero que resulten sangrantes por dentro y hechas por fuera.

Como acompañamiento pondremos los pimientos, rojos o verdes, pelados y hechos a tiras.

264. Villagodio

Ingredientes para 1 persona:

1 villagodio ó chuletón de buey o vaca (con un peso aproximado de 700 a 800 gramos)
6 cucharadas soperas llenas de aceite fino
Sal fina
4 patatas
10 cucharadas de aceite corriente.

El villagodio tendrá un grosor de 4 cm. (unos dos dedos y medio). Entero, tal cual está, y sin aplastar, lo pondremos en un plato cubriéndolo con 2 cucharadas de aceite fino. Lo dejaremos de 25/40 minutos en el aceite.

Al tiempo de ir a servirlo le daremos sal fina por ambos lados (también puede salarse la carne cuando esté ya hecha) y poniendo el resto del aceite en una sartén al fuego, freiremos en ella el villagodio, pero sólo para que tome color, asándolo a continuación sobre unas parrillas puestas encima de brasa de carbón vegetal. Como es natural, puede asarse con otro tipo de fuego, aunque lo típico es el carbón vegetal.

Pelaremos las patatas, y después de cortarlas y darles sal, las freiremos en el aceite corriente, presentándolas con el villagodio.

265. Turnedós a la bearnesa (cocina vasco-francesa)

Ingredientes para 4 personas:
4 turnedos (se trata de filetes sacados del solomillo del buey o de la vaca, y con un peso

Prepararemos las coles de Bruselas y las coceremos en agua con sal. Mondaremos las patatas y, con el aparatito especial haremos patatas pequeñas a las que también daremos un hervor en agua salada. Ambas cosas, coles y patatas, las

aproximado de 600 gramos)
Salsa bearnesa[1]
4 rebanadas de pan francés
250 gramos de coles de Bruselas
4 patatas gordas
Aceite
Sal
Agua.

rehogaremos después ligeramente en aceite caliente, puesto en una sartén al fuego.

Prepararemos los turnedós y les daremos sal, asándolos a la parrilla (podemos también freírlos en aceite). Los pondremos en una fuente sobre cuatro rebanadas de pan que habremos frito en aceite, alrededor irán las coles de Bruselas y las patatas y, cubriéndolo todo, la salsa bearnesa bien caliente.

---

[1] Para hacer la salsa bearnesa consultar Capítulo I, receta n.º 3.

266. Filete de buey a la euskera

Ingredientes para 1 persona:

1 filete de buey de la parte del solomillo o del redondo (con u.: peso aproximado de 150 a 200 gramos)
50 gramos de tocino salado
1 cebolla mediana bien picada
1 diente de ajo
1 copa de licor o menos de vino tinto
½ hoja de laurel
1 copa de licor o menos de anís
Un trozo pequeño de apio
1 cucharada sopera llena de perejil picado
Sal
Pimienta blanca en polvo
Un poquito de tomillo

Prepararemos nna cazuela de barro individual y en ella, puesta al fuego, echaremos el tocino picado y así que empiece a derretirse, pondremos la cebolla, el diente de ajo pelado y picado, y el perejil trinchado, rehogaremos rápidamente e incorporaremos el laurel y el tomillo, colocando sobre todo ello el filete de buey. Sazonaremos con sal y un poco de pimienta y echaremos el vino y el anís tapándolo herméticamente la cazuela y que se haga a fuego suave, hasta que la carne esté bien tierna. Servir en la misma cazuela.

Ingredientes para 6 personas:

350 gramos de carne de ternera picada
350 gramos de lomo de cerdo

267. Albóndigas al estilo de Guipúzcoa

Uniremos la carne de ternera con la carne de cerdo y el jamón (bien picado).

En una sartén puesta al fuego calentaremos un poco de la manteca y en ella rehogaremos media cebolla picada.

picado
125 gramos de jamón con algo de
tocino
100 gramos de manteca de cerdo
1 cebolla gorda
1 huevo crudo
1 yema de huevo crudo
4 cucharadas soperas llenas de
harina
25 gramos de miga de pan fresco
1 zanahoria
1 puerro
1 vaso de vino lleno de vino
blanco seco
2 cucharadas soperas llenas de
puré de tomate
2 dientes de ajo
Unas ramas de perejil
Nuez moscada
Sal
2 tazas de desayuno llenas de
caldo de carne.

Ingredientes para 4 personas :

250 gramos de carne picada de
cerdo
250 gramos de carne picada de
ternera
Miga de pan de barra
2 huevos crudos
2 dientes de ajo
12 cucharadas soperas llenas de
aceite
1 taza de desayuno llena de
harina
Unas ramas de perejil

Cuando esté dorada, le agregaremos el picadillo de carnes y jamón y unas raspaduras de nuez moscada, sal, el huevo y la yema (ambos bien batidos). En algo del caldo desharemos la miga de pan y la añadiremos al picadillo.

Cuando esté bien unido, pondremos harina en una jícara y haremos con la masa de carne unas bolitas de tamaño algo mayor que una nuez y de forma que nos salgan unas 24/30 unidades.

Seguidamente las freiremos en una sartén al fuego con el resto de la manteca de cerdo, y cuando estén bien doradas las pasaremos a una cazuela de barro. En la grasa de la sartén, donde se frieron, rehogaremos el resto de la cebolla, la zanahoria y el puerro, ambos pelados y picados. Una vez todo dorado le incorporaremos una cucharadita de harina, que doraremos con la cebolla. Luego le echaremos el vaso de vino blanco y cuando la salsa se haya reducido, agregaremos el puré de tomate y el resto del caldo. Pasaremos la salsa por el chino y la verteremos sobre las albóndigas, añadiéndole los ajos y el perejil ambos muy picados.

Dejaremos que vayan haciéndose, suavemente, hasta el momento de servirlas en la misma cazuela.

268. Albóndigas a la bilbaína

Prepararemos primero la salsa para que vaya haciéndose. Pondremos la manteca de cerdo en una sartén al fuego y freiremos en ella la cebolla y la zanahoria pelada y picada; agregaremos la harina, el caldo, el puré de tomate y el vaso de vino blanco, sazonaremos con sal y lo dejaremos hacer lentamente.

Empaparemos el pan previamente con la leche y mezclaremos con la carne de ternera y la carne de cerdo picadas; añadiendo el perejil y los ajos bien picados, uniéndoles los huevos batidos y echando un poco de sal y pimienta. Trabajaremos hasta formar una masa blanda y espesa con la que moldearemos las albóndigas, pasándolas por la harina.

pimienta en polvo
Sal
1 vaso de agua lleno de leche.

Ingredientes para la salsa:

1 cebolla mediana bien picada
1 cucharada sopera llena de
manteca de cerdo
1 vaso de vino lleno de vino
blanco seco
1 cucharada sopera llena de puré
de tomate de lata
1 cucharada sopera llena de
harina
1 zanahoria mediana
1 taza de desayuno llena de caldo
de carne.

Ingredientes para 2 personas:

500 gramos de lomo de cerdo
fresco en un solo trozo
50 gramos de manteca de vaca
¼ de litro de leche
Pimienta blanca en polvo
Sal
2 dientes de ajo

Ingredientes para 3 personas:
750 gramos de lomo de cerdo en
un solo trozo

Echaremos aceite en una sartén al fuego y, una vez caliente, freiremos en él las albóndigas lentamente hasta que estén un poco doradas.

Las albóndigas, una vez fritas, las pasaremos a una cazuela de barro y las cubriremos con la salsa preparada aparte y pasada por un colador chino, dejándolas cocer unos quince minutos lentamente y cuidando que no se peguen.

269. Lomo de cerdo al estilo vasco

En nna sartén de barro honda, al fuego, echaremos la manteca de vaca, que será muy fresca, y en ella doraremos el lomo al que habremos frotado con los dientes de ajo (después los tiraremos) y con sal.

Una vez dorado, bajaremos el calor del fuego, le echaremos bastante pimienta blanca y la leche, dejándolo hacer lentamente hasta que lo veamos muy tierno y con la salsa espesa.

Servirlo cortado en dos raciones y con sus salsa muy caliente por encima.

270. Lomo frito estilo Mirenchu

En un puchero al fuego, echaremos la leche y en ella coceremos el lomo, previamente salado y atado con una cuerda fina.

173

Sal fina
6 patatas medianas
1 litro de leche
1 litro de agua.

El lomo hervirá el tiempo justo para estar tierno, momento en el cual lo retiraremos de su caldo, escurriremos y dejaremos enfriar.

Mientras pelaremos las patatas y las coceremos en el agua con un poco de sal.

Serviremos el lomo frío, cortado a rodajas, junto con las patatas calientes.

271. Lomo en filetes a la kashera

Ingredientes para 4 personas:

1 lomo fresco de cerdo (con un peso aproximado de 1.000 gramos)
2 tazas de desayuno llenas de salsa de tomate[1]
1 taza de desayuno llena de arvejillas (guisantes) frescas muy tiernas o en su defecto la misma cantidad de arvejillas de lata
Pimienta blanca en polvo
1 clavo de especia
$\frac{1}{2}$ hoja de laurel
1 cebolla mediana bien picada
1 diente de ajo picado
1 cucharilla de café llena de azúcar
$\frac{1}{4}$ de litro escaso de aceite
Sal
3 huevos crudos
1 taza de desayuno llena de harina.

Del lomo sacaremos ocho rodajas, que no serán desde luego muy delgadas y, después de darle sal, las pasaremos por la harina y los huevos bien batidos.

Echaremos el aceite en una sartén al fuego y en él, caliente, freiremos el lomo pasándolo, así que esté frito, a una cazuela de barro. Lo cubriremos con la salsa de tomate, echaremos las arvejillas, el clavo, el laurel, la cebolla, el azúcar, el ajo, un poco de sal y dejaremos hervir la cazuela lentamente, al objeto de que la salsa se reduzca a la mitad de su volumen inicial.

Serviremos el lomo en la misma cazuela.

_____

[1] Para hacer la salsa de tomate, consultar capítulo I, receta núm. 8.

272. Lomo asado rojo

Ingredientes para 4 personas:

1 kilo de lomo de cerdo en un solo trozo

Por espacio de cuarenta y ocho horas tendremos el lomo en una marinada compuesta por el aceite, el pimentón encarnado y los dientes de ajo pelados y machacados y sal.

174

10 cucharadas soperas llenas de aceite
1 cucharada sopera llena de pimentón encarnado dulce
Sal
2 dientes de ajo
50 gramos de manteca de cerdo
Perejil
1 vaso de agua lleno de agua
1 lechuga.

Estará ese tiempo en lugar fresco, o en el frigorífico (pero nunca en la parte del congelador).

Al tiempo de guisarlo, lo escurriremos y ataremos con hilo fino, para darle forma, poniéndolo en una fuente que vaya al horno con la manteca de cerdo y el agua. Que se haga a fuego lento, regándolo de vez en cuando con la salsa que se forma.

Separaremos lo blanco de la lechuga y serviremos el lomo, cortado a rodajas, con las hojas de lechuga alrededor.

273. Lomo mechado con tocino

Ingredientes para 4 personas :

1 kilo de lomo de cerdo en un solo trozo
100 gramos de tocino fresco
4 patatas
2 vasos de agua llenos de aceite
75 gramos de manteca de cerdo
Sal
2 dientes de ajo
300 gramos de arvejillas (guisantes) frescas
300 gramos de vainas (judías verdes)
1½ litros de agua
1 cebolla mediana
1 taza de desayuno llena de caldo de carne.

Haremos tiras finas del tocino y, con la aguja de mechar, introduciremos el tocino en el lomo (también podemos pedir que nos lo hagan en la carnicería). Una vèz mechado, le daremos sal y ataremos con una cuerda fina.

En una cazuela honda, al fuego, con la manteca, asaremos el lomo primero a fuego vivo, luego lentamente y·bien tapado. A media cocción le incorporaremos la cebolla pelada y trinchada, los ajos pelados y machacados al mortero y el caldo de carne.

Prepararemos las verduras y las coceremos, por separado, en agua y sal.

Pelaremos las patatas y cortaremos a cuadritos, friéndolas en el aceite.

Una vez que el lomo esté hecho lo dejaremos enfriar, quitaremos la cuerda y cortaremos a rodajas, disponiendo éstas en una fuente, regándolo con su propia salsa colada y poniendo alrededor las verduras y las patatas fritas. Meteremos al horno (caliente) unos cinco minutos para que tome color y lo serviremos.

274. Gorrín (lechón) relleno y asado al estilo vasco

Ingredientes para 8/10 personas:

1 Gorrin entero (con un peso entre 3/4 kilos)
1 vaso de vino lleno de aguardiente
Pimienta en polvo
100 gramos de jamón serrano
1 taza de desayuno lleno de miga de pan fresco
1 hoja de laurel
Un poco de tomillo seco reducido a polvo
Sal
Un ramito compuesto por tomillo, orégano y laurel
250 gramos de manteca de cerdo
150 gramos de mantequilla
1 vaso de agua lleno de vino blanco
1 taza de desayuno llena de caldo de carne.

Preparado entero el gorrín y limpio (reservaremos su hígado aparte) le daremos sal y pimienta por dentro y por fuera, y lo salpicaremos con el aguardiente.

Ablandaremos la mantequilla y le uniremos el ramito de hierbas untando con ello el interior del animalito.

El relleno lo haremos remojando la miga de pan en el vino blanco y agregando a esto el hígado del gorrín y el jamón, ambos muy picados, así como la hoja de laurel y el tomillo, reducidos ambos a polvo, lo uniremos todo bien y meteremos en el gorrín que coseremos bien, poniéndolo a asar con la manteca de cerdo en un horno grande y bien caliente, de forma que salga muy tostado. Antes de la media hora de servirlo añadiremos el caldo de carne.

275. Carne de cerdo con salsa de tomate

Ingredientes para 6 personas:

1 kilo de carne
½ litro de salsa de tomate[1] aproximadamente
4 cucharadas soperas llenas de manteca de cerdo
Sal.

La mejor carne es siempre la de lomo o bien las chuletas deshuesadas.

Si la carne es de lomo la haremos asada al horno, trinchándola después en rodajas delgadas que introduciremos en la salsa de tomate, cuidando de que no hierva (si hierven se endurece la carne). Cuando el trozo es de chuletas, lo cortaremos en filetes delgados y freiremos en la manteca, y, una vez escurridos, los introduciremos en la salsa de tomate, teniendo también cuidado, como decíamos anteriormente, de que no lleguen nunca a hervir.

---

[1] Para hacer la salsa de tomate, consultar Capítulo I, receta n.º 8.

176

276. Magro de cerdo con nueces

Ingredientes para 4 personas:

*800 gramos de carne de
cerdo (con un poco de grasa y en
un solo trozo)
2 cucharadas soperas llenas de
aceite
2 dientes de ajo
Sal
1 vaso de agua lleno de agua.*

Ingredientes para la salsa:

*12 nueces
1 vaso de vino lleno de agua
1 vaso de vino lleno de leche.*

*Ingredientes para la guarni-
ción:*

*24 patatas avellanas fritas en
aceite.*

Quitaremos toda la parte grasa al magro de cerdo y la picaremos (la grasa) reservándola. Frotaremos la carne con los ajos pelados y cortados y con sal.

Echaremos el aceite en una cazuela y añadiremos la grasa de la carne, poniendo ésta sobre el fuego; así que veamos derretida la grasa, incorporaremos el magro de cerdo y lo doraremos bien, dándole tantas vueltas como sea preciso y echándole el vaso de agua en pequeñas porciones varias veces.

Una vez hecha la carne, la retiraremos del fuego en la misma cazuela.

Haremos ahora la salsa machacando en el mortero las nueces peladas y añadiéndoles el vasito de agua, de forma que se haga una pasta que coceremos, al fuego, en un pote pequeño. A mitad de la cocción le incorporaremos la mitad, o un poco más, del jugo de la carne y pasaremos la salsa por un colador, echándola a la carne.

Cuando vayamos a servirla, la cortaremos a trozos o lonchas y presentaremos a la mesa con un poco de la salsa (el resto en salsera aparte) y las patatas avellanas fritas; también puede hacerse un pastel de patata o unos champiñones troceados.

277. Filetes de guiarra (carne magra de cerdo) fritos al ajo

Ingredientes para 4 personas:

*8 filetes de guiarra
Unas ramas de perejil fresco
2 dientes de ajo
4 cucharadas soperas llenas de
pan rallado
50 gramos de manteca de cerdo
2 huevos crudos.*

Aplastaremos un poco la carne, y la pasaremos por los huevos bien batidos, y luego por el pan rallado al que habremos añadido el perejil y los dientes de ajo, ambos bien picados.

La freiremos en la manteca caliente puesta en una sartén al fuego, y por ambos lados, hasta que queden dorados. Los serviremos recién hechos.

278. Cordero asado al horno estilo vasco

Ingredientes para 7/8 personas:

½ cordero (con un peso aproximado de 2 ½ a 3 kilos)
750 gramos de patatas
4 dientes de ajo
250 gramos de manteca de cerdo
¼ de litro de aceite
Sal.

Frotaremos el cordero bien con los ajos pelados y machacados y con sal, colocándolo en una cazuela de barro con la manteca, y tapando con otra cazuela de barro. Lo meteremos a horno fuerte por espacio de media hora. Retirando entonces la cazuela que lo cubre para dejarlo que se dore bien con el calor del horno.

Freiremos las patatas en forma de avellana y rodearemos con ellas el cordero; también podemos sustituirlas por unos pimientos fritos o bien por ensalada de lechuga fresca.

279. Cordero con vino

Ingredientes para 4 personas:

1 kilo y medio de cordero de la parte de la pierna
100 gramos de tocino
50 gramos de manteca de cerdo
¼ de litro de aceite
1 vaso de vino lleno de vino tinto de rioja
1 diente de ajo
4 cucharadas soperas llenas de harina
½ kilo de patatas
Sal.

Deshuesaremos la pierna de cordero y la frotaremos bien con el diente de ajo pelado y cortado, le pondremos sal.

Con la aguja especial mecharemos con tiras de tocino, la pierna de cordero y la ataremos con un hilo, pasándola por harina y dorándola en la manteca de cerdo caliente, en una cazuela de barro y en el horno.

Mientras esté la cazuela en el horno regaremos, de vez en cuando, la carne con su propia salsa. A la mitad de la cocción le añadiremos el vino tinto.

Trinchada la carne en frío, la serviremos con las patatas peladas, cortadas y fritas en el aceite y con su propio jugo servido en salsera aparte.

280. Cordero guisado

Ingredientes para 4 personas:

1 ½ kilos de cordero
3 zanahorias medianas
3 dientes de ajo
2 cebollas medianas
Unas ramas de perejil fresco

Cortaremos el cordero, con hueso y todo, a trozos regulares no muy delgados.

En una cazuela, sobre el fuego, con la manteca de cerdo rehogaremos las cebollas peladas y picadas, los ajos pelados y picados, las zanahorias también peladas y cortadas a rodajas y el perejil bien trinchado. Cuando todo esté bastante

*10 cucharadas soperas llenas de
aceite
4 patatas
50 gramos de manteca de cerdo
Sal
1 taza de desayuno llena de caldo
de carne
1 vaso de agua lleno de vino
blanco.*

Ingredientes para 4 personas:

*1 pierna de cordero (con un peso
aproximado de 1 ½ kilos)
4 patatas medianas
4 zanahorias
1 cebolla gorda
1 tomate maduro
Sal
1 taza de desayuno llena de caldo
de carne
1 manzana
2 cucharadas soperas llenas de
vinagre
2 dientes de ajo
Unas ramas de perejil fresco
2 cucharadas soperas llenas de
aceite.*

Ingredientes para 4 personas:

*1 espalda de cordero o 2 (con un
peso aproximado de 1.500 a 1.600
gramos)
600 gramos de vainas (judías
verdes)*

hecho añadiremos la carne de cordero, con un poco de sal, daremos unas vueltas con la cuchara de palo, incorporando el caldo y el vino.

Pelaremos las patatas y las cortaremos a trozos irregulares que freiremos en el aceite, echándolas también a la cazuela para que se incorporen al guiso.

Servir este plato bien caliente.

281. Cordero con salsa picante

En una fuente de horno pondremos la cebolla, pelada y partida por la mitad, las zanahorias raspadas y cortadas a ruedas, las patatas peladas y partidas a ruedas anchas, el tomate cortado a rodajas, la manzana a trozos y la pierna de cordero.

La pierna soltará su grasa que iremos quitando a medida que la asamos (por ello no pondremos ningún tipo de grasa). Cuando le hayamos quitado toda y esté dorada, añadiremos el caldo de carne y la dejaremos que vaya haciéndose poco a poco.

Prepararemos una salsa con los ajos pelados y fritos, en el aceite, el vinagre, un poco de perejil picado y lo añadiremos a la fuente del cordero.

Al servir la pierna de cordero trinchada, la regaremos con su propia salsa, previamente pasada por un colador o chino.

282. Espalda de cordero con vainas (judías verdes)

Prepararemos la espalda dándole unos cuantos golpes que rompan el hueso pero que no deshagan del todo la forma de la misma, la untaremos con pimienta y sal y la rehogaremos en una sartén al fuego, con la mitad del aceite.

Una vez hecha la pondremos en una fuente de horno con la cebolla, pelada y partida en cuatro trozos, los ajos

1 cebolla gorda
2 dientes de ajo
6 cucharadas soperas llenas de harina
8 cucharadas soperas llenas de aceite
Sal
Pimienta blanca en polvo
100 gramos de manteca de cerdo
1 ½ litros de agua.

Ingredientes para 4 personas:

1 kilo de cordero (puede ser pierna o espaldilla) cortado a trozos gordos e irregulares
100 gramos de tocino fresco
150 gramos de jamón de guisar
1 cebolla gorda
4 zanahorias medianas
12 cebollitas pequeñas
250 gramos de arvejillas(guisantes) tiernas o bien una lata
16 patatas pequeñas
6 alcachofas cocidas (los corazones)
1 lata de puntas de espárragos
3 huevos cocidos
6 cucharadas soperas llenas de aceite
2 cucharadas soperas llenas de harina
1 taza de desayuno llena de caldo de carne
Sal
1 copita de licor llena de jerez seco.

pelados y cortados y la manteca, meteremos la fuente al horno para que se haga la carne.

Limpiaremos las vainas pelando sus contornos y las coceremos en agua con un poco de sal. Una vez cocidas y escurridas las rehogaremos, en el resto del aceite, y las serviremos junto con la carne, trinchada.

283. Menestra de cordero

Echaremos en una sartén grande dos cucharadas de aceite y, en ella, puesta al fuego, derretiremos el tocino cortado hasta que forme torreznos, estos torreznos los retiraremos colocándolos en una cazuela de barro honda y, en la sartén, rehogaremos el jamón partido a trozos que, una vez frito pondremos también en la cazuela, después el cordero (con un poco de sal) que también una vez rehogado irá a parar a la cazuela de barro, y así haremos con las zanahorias (peladas y cortadas a rodajas), las cebollitas peladas y enteras, y las arvejillas. Todo esto en la cazuela procederemos a confeccionar la salsa, picando bien la cebolla y friéndola en el resto del aceite, echando así que esté dorada la harina, sal, el jerez seco y el caldo y dejando que hierva unos diez/quince minutos. Esta salsa (pasada por el cedazo) cubrirá la carne y verduras de la cazuela.

Arrimaremos ahora la cazuela al fuego (lento) y que hierva un ratito, poco, pues al estar todo frito no precisa mucha cocción.

Por último pelaremos los huevos cocidos y cortaremos cada uno en tres o cuatro trozos y los colocaremos, artísticamente, sobre la carne. Haremos lo mismo con los corazones de alcachofas y las puntas de espárragos. Sacudiremos la cazuela para que todo quede bien y la presentaremos a la mesa.

Se trata de una receta que requiere cierta paciencia en su ejecución pero que merece la pena, pues es muy sabrosa y de presencia muy bonita.

284. Blanquette de cordero (cocina vasco-francesa)

Ingredientes para 3 personas:

*1 espalda de cordero deshuesada
(con un peso aproximado de 1.000
a 1.2000 gramos)
200 gramos de champiñones secos
3 zanahorias
1 cebolla gorda
8 cebollitas
3 dientes de ajo
Hierbas aromáticas (compuestas
por: romero, laurel y tomillo)
1 huevo crudo
Nuez moscada
Agua
1 limón
6 trozos de pan
50 gramos de manteca de cerdo
2 cucharadas soperas llenas de
harina
Sal
Pimienta en polvo.*

Cortaremos a trozos la espalda y la pondremos en una cazuela de barro con agua que la cubra, las zanahorias peladas y cortadas a trozos, la cebolla pelada y entera, las hierbas aromáticas, los ajos pelados y enteros, sal, pimienta y un poco de nuez moscada rallada. Todo junto hervirá una hora.

Aparte haremos una salsa con la harina dorada en un poco de manteca y mojada con agua, dejándola hervir unos instantes. Se le añaden los champiñones secos y las cebollitas hervidas un instante aparte, y se cuece todo unos quince minutos. Esta salsa la echaremos sobre el cordero. Cuando vayamos a servirla le añadiremos la yema del huevo, así como el zumo del limón y revolveremos bien la salsa.

Presentaremos el cordero bañado en su propia salsa y rodeado con los trozos de pan frito en el resto de la manteca de cerdo.

285. Cochifrito (cocina navarra)

Ingredientes para 4 personas:

*Cordero lechal o mamón sin
hueso, unos 1.500 gramos
150 gramos de manteca de cerdo
1 cebolla gorda
1 limón
2 dientes de ajo
Sal
2 granos de pimienta
1 cucharada sopera llena de
pimentón encarnado
2 cucharadas soperas llenas de
perejil picado.*

Limpiaremos el cordero de telas y le cortaremos a trozos más bien pequeños, les daremos sal y les freiremos en una cazuela de barro, puesta al fuego y con la manteca de cerdo.

Cuando veamos el cordero un poco dorado le incorporaremos la cebolla pelada y picada, los dientes de ajo pelados y trinchados, los granos de pimienta machacados en el mortero, el zumo de limón colado, el perejil y el pimentón encarnado.

Taparemos bien la cazuela, reduciremos el fuego y que siga su cocción hasta que el cordero esté muy tierno. Vigilaremos que no se pegue.

Serviremos el cochifrito en la misma cazuela de cocción.

286. Chuletas de cordero al estilo del caserío

Ingredientes para 4 personas:

20 chuletas de cordero muy tiernas
3 zanahorias medianas
1 cebolla gorda
1 trocito de laurel
¼ kilo de arvejillas (guisantes) desgranadas
3 dientes de ajo
1 vaso de vino lleno de vino clarete
Unas ramas de perejil
1 taza de desayuno llena de harina
¼ litro de aceite
Sal
1 litro de agua.

Daremos sal a las chuletas y las pasaremos ligeramente por parte de la harina, friéndolas a continuación en aceite hasta que estén doradas.

Las arvejillas las coceremos en agua y sal, escurriremos y reservaremos aparte.

En el aceite de freír la carne, colado, rehogaremos la cebolla y las zanahorias, todo pelado y picado, muy menudo. Añadiremos una cucharada de harina y removeremos hasta que esté dorada, añadiendo el laurel, los ajos y el perejil machacados en el mortero y desleídos con el vino y un poco de agua; sazonaremos con sal y dejaremos hervir lentamente y hasta que las zanahorias estén tiernas.

Las arvejillas las rehogaremos con un poco de esta salsa que hemos preparado.

Cuando la salsa esté en su punto, no debe quedar muy caldosa, la echaremos hirviendo sobre las chuletas y alrededor irán las arvejillas.

287. Chuletas de cordero a la navarra

Ingredientes para 4 personas:

1 kilo de chuletas (calcular unas 12-14 como mínimo)
1 cebolla gorda
100 gramos de jamón de cocinar
½ kilo de tomates frescos
180 gramos de chorizo
50 gramos de manteca de cerdo
1 vaso de agua lleno de aceite
Sal.

Preparadas las chuletas, las freiremos en una sartén al fuego con aceite y manteca de cerdo (mitad y mitad); ya fritas, las colocaremos en una fuente de horno. En la misma sartén, con la grasa de freír las chuletas, freiremos el jamón partido en trocitos y la cebolla pelada y picada; cuando comienza a tomar color, le añadiremos los tomates pelados y limpios, sazonaremos con sal y dejaremos hacer lentamente.

Pasaremos el tomate y la cebolla por el chino y lo verteremos sobre las chuletas, metiéndolas al horno unos quince minutos; pasado ese tiempo les añadiremos el chorizo partido en lonchas finas y volviéndolo de nuevo al horno unos minutos más.

Serviremos las chuletas en la misma fuente.

288. Chuletas de cordero asadas

Ingredientes para 4 personas:

8 chuletas de cordero (con un peso aproximado de 1.200 gramos)
7 cucharadas soperas llenas de aceite
1 limón
Sal fina
Patatas fritas.

Aplastadas y limpias las chuletas, las pondremos sal y unas gotas de limón salpicándolas con el aceite.

Prepararemos la plancha o las parrillas bien calientes (mejor si el fuego es de ramas de sarmiento), y asaremos las chuletas.

Las serviremos rodeadas con las patatas fritas.

289. Carnero guisado a la vasca

Ingredientes para 6 personas:

750 gramos de carne deshuesada de carnero
200 gramos de patatitas nuevas
150 gramos de zanahorias
150 gramos de nabos
250 gramos de cebollitas
1 cucharada sopera llena de manteca de cerdo
2 tomates (250 gramos, aproximadamente)
1 taza de desayuno llena de caldo de carne
½ vaso de vino blanco seco
3 cucharadas soperas llenas de harina
½ hoja de laurel
3 cucharadas soperas llenas de aceite
Sal
Pimienta en polvo
Un poquito de azúcar
Agua
1 cucharada sopera llena de perejil picado.

Cortaremos la carne en trozos y los rehogaremos en la manteca, puesta en una sartén al fuego. Una vez hechos los escurriremos de la grasa que queda en la sartén y los espolvorearemos con sal y una pizca de azúcar, dándoles unas vueltas en una cazuela, y, a continuación, echaremos el vino. Lo dejaremos cocer hasta que el vino se haya consumido. Espolvorearemos entonces con la harina, y añadiremos el caldo manteniendo la cazuela en ebullición durante unos minutos. Después retiraremos los trozos a un plato. Pasaremos la salsa por el chino echándola de nuevo en la cazuela y volveremos a colocar en ella los trozos de carnero, añadiendo el perejil, laurel y pimienta y dejándolo cocer despacio durante tres horas, aproximadamente.

Los nabos y las zanahorias raspadas y cortadas en trozos, los freiremos lo mismo que las cebollitas en el aceite y añadiremos al guiso más o menos pronto, según veamos son de tiernas.

Las patatitas las incorporaremos unos treinta minutos antes de servir el carnero.

290. Chuletas de cordero a la guipuzcoana

Ingredientes para 4 personas:

8 chuletas de carnero tiernas (con un peso entre 800 a 1.000 gramos)
¼ de litro escaso de aceite
2 cebollas medianas
Un ramito atado compuesto por: orégano, clavillo, laurel, tomillo y perejil
4 patatas medianas
Pimienta blanca en polvo
1 vaso de agua lleno de sidra
1 vaso de agua lleno de caldo de carne
Sal.

Arregladas las chuletas, y con sal, echaremos el aceite en una sartén puesta al fuego y en él, cuando esté caliente, freiremos bien las chuletas, a medida que estén hechas las reservaremos en un plato.

En la grasa que quede de freírlas rehogaremos las cebollas peladas y cortadas a rodajas finas; una vez doraditas cubriremos con ellas el fondo de una cazuela de barro. Colocando encima las chuletas y, sobre éstas, las patatas peladas y cortadas a rodajas a las que echaremos sal y pimienta.

Añadiremos el ramito atado de hierbas (que retiraremos antes de servir la carne), el vaso de sidra y el caldo de carne.

Taparemos la cazuela con un papel aluminio y además su tapadera, que debe cerrar herméticamente.

Esta cazuela se hará ahora al horno unos treinta/cuarenta minutos, pasados los cuales podremos ya servir la carne en una fuente o bien en la misma cazuela en que la hemos preparado.

291. Pierna de carnero mechada

Ingredientes para 4 personas:

1 pierna grande de carnero (con un peso aproximado de 1.500 a 1.800 gramos)
150 gramos de tocino fresco
1 cebolla mediana
1 hoja de laurel
3 zanahorias gordas
25 gramos de manteca de cerdo
1 taza de desayuno llena de caldo de carne
1 vaso de vino lleno de vino blanco seco
Hojas de lechuga frescas
Sal.

Peladas las zanahorias y las cebollas cortaremos ambas en tiras alargadas y cubriremos con ellas una cazuela de barro, añadiéndole la manteca de cerdo y la pierna de carnero mechada, con la aguja especial, con tiras que habremos cortado del tocino y a la que habremos dado sal.

Arrimaremos la cazuela al fuego y rehogaremos bien la carne añadiéndole el laurel, el vino y el caldo y bajando el fuego para que se haga lentamente.

Serviremos el carnero trinchado, con su salsa colada sobre el mismo, y las hojas de lechuga alrededor.

292. Espalda de cabrito a la vasca

Ingredientes para 4 personas:

1 espalda de cabrito grande (con un peso entre 1.500 a 2.000 gramos)
Sal
Nuez moscada
100 gramos de tocino salado
100 gramos de miga de pan fresco
1 vaso de vino lleno de vino blanco seco
4 dientes de ajo
Unas ramas de perejil fresco
Pimienta blanca en polvo
1 huevo crudo
6 pimientos frescos verdes
50 gramos de manteca de cerdo.

Deshuesaremos la espalda del cabrito, quitándole pieles y grasas y la sazonaremos con sal.

Aparte prepararemos el siguiente relleno: picaremos el tocino salado y lo echaremos a una sartén, al fuego, agregando la miga de pan mojada con el vino blanco, los ajos pelados y machacados, el perejil picado, sal, un poco de pimienta y otro poco de nuez moscada rallada.

Separaremos la sartén del fuego y removeremos con una cuchara de palo mezclando todo muy bien, y añadiendo la yema del huevo.

Cuando el relleno esté frío rellenaremos la espaldilla con esta composición, la ataremos con cordel y la asaremos en el horno en una cazuela de barro con la manteca de cerdo, bañándola de vez en cuando con su propia salsa.

Cuando la carne esté hecha la retiraremos de la cazuela y rehogaremos en su salsa los pimientos verdes ya asados y pelados, cortados a tiras largas.

Quitaremos el cordel a la espalda y la cortaremos a ruedas. Sirviéndola en una fuente rodeada con los pimientos. La salsa, colada, la presentaremos en salsera aparte.

Capítulo X

MENUDOS

293. Lengua albardada (rebozada)

Ingredientes para 6 personas:

1 lengua entera cruda (con un peso aproximado de 1.800 a 2.000 gramos)
1 zanahoria mediana
1 puerro gordo
1 cebolla mediana
Sal
1 taza de desayuno llena de harina
100 gramos de manteca de cerdo
1 copita de licor llena de vinagre
3 huevos crudos
2 litros de agua.

Limpia la lengua de pieles y huesecillos que pudiera tener, la coceremos en el agua, puesta en un puchero al fuego, junto con la zanahoria y puerro, ambos pelados y troceados. Añadiremos un poco de sal y dejaremos que hierva hasta que la veamos tierna.

Una vez cocida la pelaremos (a veces no se pela) y pasaremos por la harina y los huevos bien batidos, friéndola, en la manteca caliente, puesta al fuego en una sartén honda; a medida que se vayan friendo los trozos de lengua, los dejaremos en una cazuela de barro.

En la grasa sobrante de freír la lengua rehogaremos la cebolla pelada y picada, le añadiremos dos cucharadas soperas de harina y el vinagre, así como un poco de sal, y esta salsa, después de hervir 5 minutos, la echaremos sobre la lengua albardada sirviéndola a continuación.

294. Lengua estofada a la tolosana

Ingredientes para 4 personas:

1 lengua entera (con un peso aproximado de 1.500 gramos)
4 cucharadas soperas llenas de aceite
2 cebollas medianas
Unas hojas de perejil fresco
1 hoja de laurel
Pimienta blanca en polvo
½ cucharada de pimentón encarnado dulce
1 vaso de vino lleno de vino blanco
1 diente de ajo
Sal
2 litros de agua.

Prepararemos la lengua y sazonaremos con sal y pimienta, poniéndola en un puchero al fuego con el agua y agregándole todos demás ingredientes en crudo. Taparemos bien el puchero y lo dejaremos cocer todo hasta que la lengua esté muy tierna. Ya cocida la lengua, la cortaremos a rodajas y pasaremos los componentes en que la hemos cocido por el chino, cubriéndola con esta salsa.

295. Hígado de ternera a la bordelaire (cocina vasco-francesa)

Ingredientes para 4 personas:

8 filetes o bistecs de hígado (con un peso aproximado de 700 a 800 gramos)
200 gramos de cepes frescos
150 gramos de cebolla picada
150 gramos de chalotes picados
2 dientes de ajo
Sal
Pimienta blanca en polvo
1 vaso de agua lleno de vino blanco
2 tazas de desayuno llenas de salsa de tomate[1]
1 vaso de agua lleno de vino tinto
100 gramos de tocino fresco.

Frotaremos los filetes de hígado con el tocino y los pondremos en un plato, cubriéndolos con el vino tinto y dejándolos, en este adobo, unos 30/45 minutos.

Derretiremos el tocino (el mismo con que frotamos el hígado) en una cazuela al fuego y en ella rehogaremos la cebolla y los chalotes, así como los dientes de ajo pelados y picados y los cepes también picados.

Añadiremos por último el vino blanco y la salsa de tomate y serviremos rápidamente antes de que el hígado llegue a cocer en la salsa, lo cual, si sucede, le endurecería.

---

[1] Para hacer la salsa de tomate consultar Capítulo I, receta n.º 8.

296. Pastel de hígado de oca (cocina vasco-francesa)

Ingredientes para 4 personas:

20 hígados de oca (con un peso aproximado de 750 a 800 gramos)
250 gramos de lomo de cerdo
Nuez moscada
100 gramos de tocino fresco
200 gramos de grasa de oca
Sal
Pimienta blanca en polvo.

Prepararemos los hígados, limpios de telillas y sin la hiel y los trocearemos en rodajas o rebanadas.

Picaremos también el lomo de cerdo y echaremos a las dos carnes sal y pimienta blanca.

Con el tocino haremos tiras finas y con ellas forraremos una tarrina especial, poniendo primero una capa de hígados, después otra de lomo picado, repitiendo por este orden hasta llenar la tarrina. Le echaremos la grasa de oca y la haremos, o bien al horno o bien al baño maría, sobre el fuego por espacio de 1 ó 2 horas.

Desmoldaremos en frío y serviremos también en frío.

297. Higadillos de gallina en cazuela

Ingredientes para 4 personas:

16 higadillos de gallina (con un peso aproximado de 750/800 gramos)
50 gramos de manteca de cerdo
1 cebolla mediana
1 taza de desayuno llena de caldo de carne
1 taza de desayuno llena de harina
Sal
Pimienta blanca en polvo.

Limpios los higadillos, los pasaremos por la harina, y los freiremos en la manteca de cerdo, puesta en una sartén al fuego. Una vez hechos los pondremos en una cazuela de barro.

En la grasa que nos quede (añadiendo un poco más si fuese preciso), freiremos la cebolla pelada y muy picada y cuando empiece a dorarse, añadiremos media cucharada de harina, cuando se dore, le pondremos el caldo, sal y pimienta, dejando hervir esta salsa unos segundos y pasándola por un colador sobre los higadillos.

Estos cocerán a fuego lento durante 15/20 minutos. La salsa ha de quedar más bien espesa. Los serviremos en la misma cazuela de cocción.

298. Tripacallos (callos) a la vizcaína

Ingredientes para 4 personas:

1 kilo de tripacallos (de vaca o buey, nunca de cordero)
1 pata de vaca
2 patas de ternera
3 cebollas
2 zanahorias medianas
5 litros de agua
Unas ramas de perejil
Un poco de tomillo
2 granos de pimienta
1 clavo de especias
Sal
Salsa a la vizcaína[1] ($\frac{1}{2}$ litro, aproximadamente).

Preparados los tripacallos y las patas, o sea limpios y quemadas las pelusillas, los cortaremos a trozos más bien grandes y los pondremos en la mitad del agua (2 1/2 litros) en un puchero al fuego, añadiendo un poco de sal y dejándolos hervir unos 8/10 minutos.

Echaremos el del agua en otro puchero y le agregaremos las cebollas peladas y cortadas, las zanahorias también peladas y troceadas, el perejil, el tomillo, la pimienta, el clavo y sal. Incorporándole los tripacallos y patas bien escurridas de su cocción anterior. Con estos ingredientes cocerán de 4/5 horas, hasta que los veamos muy tiernos, momento en que los pasaremos a una cazuela de barro y los cubriremos con la salsa vizcaína, en la que darán un hervor al objeto de que tomen el sabor de la salsa.

Serviremos en la misma cazuela.

[1] Para hacer la salsa a la vizcaína, consultar Capítulo I: receta número 1.

299. Callos con morro y pata

Ingredientes para 4 personas:

750 gramos de callos
400 gramos de morro de ternera
½ pata de ternera
1 vaso de agua llena de vino blanco
6 granos de pimienta negra
1 cebolla gorda
3 zanahorias medianas
1 puerro
Unas ramas de perejil
2 tomates maduros
Sal
100 gramos de jamón de guisar
2 chorizos cortados a trozos
2 litros de agua
4 cucharadas soperas llenas de manteca de cerdo
2 ñoras (pimientos secos).

Este plato recomendamos prepararlo el día anterior.

En un puchero de barro al fuego con el agua, echaremos los callos, el morro y la pata cortados a trozos, añadiendo la pimienta, las cebollas peladas y cortadas, las zanahorias peladas y troceadas, el puerro pelado y cortado, el perejil picado, las ñoras remojadas en agua caliente, los tomates pelados y reducidos a puré y sal. Taparemos y que todo se haga lentamente hasta que el caldo se reduzca a menos de su mitad inicial. Escurriremos los callos, morro y pata y pasaremos el resto por el chino a una cazuela de barro.

Freiremos el chorizo y jamón a trozos en la manteca y los incorporaremos a la cazuela, moviéndola. Añadiremos el vino blanco y que hierva la cazuela 15/20 minutos, pasados los cuales ya podemos servir los callos.

300. Asadura de cordero con lechuga

Ingredientes para 3 personas:

1 asadura de cordero completa
2 lechugas
1 vaso de agua lleno de agua
Sal
Pimienta en polvo
2 tazas de desayuno llenas de aceite
Unas ramas de perejil fresco
1 diente de ajo pelado y entero.

Desharemos las lechugas, separando sus hojas, y después de lavarlas muy bien en varias aguas, las partiremos cada una en dos a lo largo, separando el tallo del centro.

Así preparadas, cortaremos en filetes muy delgados.

En una cazuela del barro, con una de las tazas de aceite, puesta al fuego, freiremos el diente de ajo, que retiraremos una vez dorado, echando en la cazuela la lechuga picada y cuando esté reblandecida le añadiremos sal, y el vaso de agua, dejándolo cocer todo hasta que el caldo esté casi consumido.

Cortaremos la asadura de cordero en trozos pequeños y los espolvorearemos con sal, un poco de pimienta y el perejil picado, rehogándolo en una sartén con el resto del aceite a fuego muy vivo. Cuando está bien rehogada le escurriremos la grasa y, ya sin ella, la mezclaremos con la lechuga que hemos preparado anteriormente.

Mezcladas las dos cosas las mantendremos al calor, pero de ningún modo que lleguen a hervir, ya que el hervor perjudicaría el buen punto del guiso.

Serviremos en fuente honda.

301. Asadura de cordero con arvejillas (guisantes)

Ingredientes para 3 personas:

1 asadura de cordero completa
2 tomates frescos rojos
1 cebolla gorda
10 cucharadas soperas llenas de aceite
1 vaso de vino lleno de vino blanco
Sal
400 gramos de arvejillas frescas hervidas
1 vaso de agua lleno de agua.

Cortaremos la asadura a trozos de tamaño más bien pequeño. En una cazuela de barro, al fuego con el aceite, freiremos la cebolla pelada y picada, y añadiremos los tomates pelados y desmenuzados, rehogándolo bien y agregando la asadura. Echaremos un poco de sal. Daremos una vuelta con la cuchara de palo y añadiremos el vino blanco, las arvejillas y el agua, que estará templada.

Taparemos la cazuela y la dejaremos que cueza lentamente. Una vez hecho (debe quedar más bien jugoso) lo serviremos en la misma cazuela.

302. Patas de cerdo albardadas (rebozadas)

Ingredientes para 4 personas:

6 patas de cerdo
2 litros de agua
Sal
Pimienta blanca en polvo
1 cucharada sopera llena de perejil picado
1 zanahoria mediana
3 huevos crudos
1 taza de desayuno llena de harina

Pasaremos las patas de cerdo por la llama del alcohol para quitar sus pelillos, las rasparemos bien y cortaremos por la mitad.

En un puchero al fuego con el agua y un puñado de sal, herviremos las patas junto con la zanahoria pelada y cortada en dos, el perejil y un poco de pimienta. Este hervido de las patas puede durar de 2 a 3 horas (si lo hacemos en olla exprés podemos reducir este tiempo).

Una vez cocidas, retirar del caldo, cortar a trozos (tres de cada media pata) pasar por harina y por los huevos bati-

192

150 gramos de manteca de cerdo
1 limón
2 tazas de desayuno llenas de
salsa de tomata[1].

dos y freírlas en la manteca, puesta en una sartén al fuego.

Serviremos las patas en una cazuela cubiertas con la salsa de tomate.

Para hacer la salsa de tomate consultar Capítulo I: receta n.º 8.

303. Morros en salsa a la bilbaína

Ingredientes para 4 personas:

*1 kilo de morros crudos
Unos 2 litros o más de agua
150 gramos de tocino fresco
100 gramos de jamón propio para
guisar
3 cucharadas soperas llenas de
cebolla picada
2 ñoras
1 cucharadita de café llena de
harina
Sal.*

Lavaremos bien los morros y, enteros, los pondremos en un puchero de barro añadiéndoles agua fría, hasta que queden bien cubiertos y poniendo, entonces, el puchero al fuego. Así que rompa a hervir le añadiremos un cucharón de agua, y después durante su cocción otros dos o tres cucharones más de agua.

Bien cocidos los escurriremos, reservando unas dos tazas de su caldo, y cortaremos a trozos irregulares dejándolos en una cazuela plana de barro.

Haremos la salsa derritiendo el tocino en una sartén al fuego, y friendo en ella el jamón, cortado a trocitos (que una vez fritos separaremos), la cebolla picada, la harina, echando el caldo reservado de los morros y las ñoras (remojadas en agua caliente y sin pepitas).

Esta salsa la pasaremos sobre los morros apretando bien para que las ñoras suelten toda su carne y les daremos un ligero hervor, con la salsa, agregando el jamón que antes separamos.

Los serviremos muy calientes en la misma cazuela.

304. Manos de ternera al estilo vasco-francés

Ingredientes para 4 personas:

*2 manos de ternera
100 gramos de mantequilla
2 ½ litros de agua*

Prepararemos las manos raspándolas y quemándolas y las pondremos a cocer en un puchero al fuego con el agua, sal, la cebolla, el puerro pelado y entero, el diente de ajo pelado y entero, y la zanahoria pelada y cortada en dos trozos.

1 zanahoria
½ cebolla
1 puerro
1 diente de ajo
Sal
½ litro de leche
2 cucharadas soperas llenas de harina
1 cucharada sopera llena de perejil picado
1 cucharadita de café llena de vinagre
1 yema de huevo crudo
200 gramos de pan rallado
¼ de litro o más de aceite
4 huevos crudos.

Ingredientes para 4 personas:

3 manos de cordero
300 gramos de lechecillas (mollejas)
2 cebollas gordas
1 zanahoria
Sal
Aceite
Unas ramas de perejil
2 tazas de desayuno llenas de harina
4 huevos crudos
2 cucharadas soperas llenas de salsa de tomate[1]
2 litros de agua.

Que hierva el tiempo suficiente hasta que las veamos tiernas. Fuera del fuego, y escurridas, las cortaremos y quitaremos los huesos.

Haremos ahora la salsa derritiendo la mantequilla en una cazuela, echándola la harina, el perejil, la leche y la sal.

Debe quedarnos a modo de una pasta. Ya hecho y fuera del calor le incorporaremos la yema de huevo y el vinagre batiendo bien.

Embadurnaremos los trozos de las manos de ternera en esta pasta y después las pasaremos por los huevos batidos y por el pan rallado, friéndolas en el aceite, puesto en una sartén al fuego, que estará muy caliente.

Recién hechas es como las serviremos, pues, de lo contrario, pierden su gracia.

305. Menudillos de cordero con salsa de tomate

Limpiaremos bien las manos de cordero, procediendo a cocerlas en el agua con sal, una de las cebollas pelada y picada, el perejil y la zanahoria pelada y cortadas en dos.

Así que estén hechas las retiraremos del agua de su cocción, reservando parte de ésta para la salsa, y las deshuesaremos, pasándolas por harina y los huevos batidos y friéndolas en aceite caliente. Fritas ya, las echaremos a una cazuela de barro.

Cortaremos las lechecillas por la mitad y, en crudo, las pasaremos por harina y por los huevos batidos, friéndolas en aceite, y echándolas a su vez a la cazuela donde están las manos.

En la misma sartén y en el aceite sobrante doraremos el resto de las cebollas peladas y picadas. Cuando tomen color añadiremos unas dos cucharadas soperas de harina y dejaremos que se fría, lentamente, incorporándole la salsa de tomate. Que siga el rehogado, añadiendo un cucharón del agua que reservaremos de la cocción de las manos, uniremos bien y echaremos sal.

194

Después de unos minutos de cocción, pasaremos la salsa por el chino y la verteremos sobre las manos y las lechecillas, poniendo la cazuela una media hora al fuego y sirviéndolas en la misma cazuela y muy calientes.

¹ Para hacer la salsa de tomate, consultar Capítulo I, receta n.º 8.

306. Sesos fritos a la vitoriana

Ingredientes:

1 seso de ternera grande
1 diente de ajo
Unas ramas de perejil fresco
½ litro de agua
3 huevos crudos
¼ de litro de aceite
1 taza de desayuno llena de harina.

Limpiaremos perfectamente los sesos de pieles y sangre y los herviremos con el agua puesta en un puchero al fuego con sal, perejil y el diente de ajo, pelado y entero. Una vez hechos (tardarán sólo 5 minutos), los dejaremos enfriar sin retirar del agua, para que no se pongan negros; una vez fríos los escurriremos y partiremos a trozos iguales que rebozaremos en harina y los huevos batidos, friéndolos en el aceite, bien caliente, y sirviéndolos recién hechos

307. Sesos de ternera albardados (rebozados)

Ingredientes para 4 personas:

1 seso de ternera grande
Unas ramas de perejil fresco
1 diente de ajo
Sal fina
Pimienta blanca en polvo
¼ litro de aceite
Harina
3 huevos crudos
2 limones
100 gramos de pan rallado
½ litro de agua.

Limpio el seso de sangre y telillas, lo herviremos en el agua con un poco de sal, las ramas de perejil y el diente de ajo pelado y entero.

Lo dejaremos enfriar fuera del agua de hervirlo y, a continuación, lo cortaremos a rodajas iguales que pasaremos por harina y por los huevos bien batidos, después por pan rallado friéndolos, por último en una sartén puesta al fuego, con el aceite.

A medida que se frían los dejaremos en una escurridera, sirviéndolos recién hechos y con trozos de limón.

308. Litiruelas alavesas

Ingredientes para 4 personas:

1 kilo de mollejas de ternera
4 dientes de ajo

Limpiaremos bien las mollejas de telillas; ya limpias, las partiremos en trocitos, echándolas en una cazuela de barro, con un decilitro de aceite caliente, y rehogaremos

195

1 cebolla gorda
2 cucharadas soperas llenas de pan rallado
1 vaso de agua lleno de vino blanco
Unas ramas de perejil
6 cucharadas soperas llenas de aceite
Sal.

en unión de la cebolla pelada y picada; cuando estén doradas las mojaremos con el vaso de vino blanco y dejaremos cocer unos diez minutos. Entre tanto picaremos los ajos y el perejil. Pondremos la sal a las mollejas y las espolvorearemos con los ajos y el perejil picados, unidos al pan rallado, y meteremos la cazuela al horno, muy caliente, hasta que quede dorada la superficie del guiso.

Las serviremos calientes y en la misma cazuela.

309. Mollejas de ternera con verduras

Ingredientes para 4 personas:

1 kilo de mollejas de ternera
50 gramos de tocino entreverado
4 zanahorias medianas
1 cebolla mediana
2 dientes de ajo
1 copita de licor llena de jerez seco
300 gramos de patatas
300 gramos de arvejillas (guisantes) frescas desgranadas
50 gramos de jamón propio para cocinar
2 cucharadas soperas llenas de perejil picado
Aceite
Harina
Sal
Agua.

Echaremos bastante aceite en una cazuela de barro y añadiremos el tocino entreverado cortado a trozos, los dientes de ajo, pelados, 2 de las 4 zanahorias peladas y cortadas a rodajas, y la cebolla pelada y picada. Sazonaremos con sal las mollejas, y las pasaremos por harina, dorándolas en una sartén al fuego con un poco de aceite. Una vez hechas las pasaremos a la cazuela de las verduras, que pondremos a hacer a fuego lento y con la caxuela tapada.

Prepararemos la guarnición pelando y cortando a cuadros muy pequeños las zanahorias restantes y las patatas, y friéndolas lentamente en aceite (y las zanahorias las coceremos con agua y sal en una olla). Una vez fritas y cocidas, respectivamente, la escurriremos y reservaremos en un plato junto con las arvejillas previamente cocidas, bien escurridas y con sal.

Cuando las mollejas estén casi hechas les quitaremos el aceite y las echaremos en una sartén, agregándole el jamón picado y las verduras, rehogándolo todo junto durante unos minutos, para seguidamente pasar todo a una cazuela que mantendremos al calor.

Pondremos una cucharada sopera rasa de harina a las mollejas y revolveremos durante dos minutos, virtiendo luego el jerez y un vasito de agua. Ya tiernas las mollejas, las retiraremos y cortaremos a ruedas, colocándolas a un lado de la fuente y poniendo las verduras en en el otro. El poco jugo que queda en la cazuela de las mollejas lo pasaremos por un colador chino y lo verteremos sobre las mollejas, espolvorearemos todo con una cucharilla de perejil picado y lo serviremos.

310. Riñones a la aldeana

Ingredientes para 4 personas:

800 gramos de riñones de ternera o vaca
2 cucharadas soperas llenas de cebolla picada
2 cucharadas soperas llenas de perejil fresco picado
Miga de pan atrasado
3 tazas de desayuno llenas de caldo de carne
1 vaso de vino lleno de vino blanco seco
Sal
Pimienta blanca en polvo
$\frac{1}{4}$ de litro escaso de aceite
1 diente de ajo.

Limpiaremos bien los riñones y los trocearemos muy menudos rehogándolos en el aceite, puesto en una sartén al fuego. Una vez hechos los escurriremos de la grasa, dejándolos en una cazuela plana de barro.

En el aceite que nos quedó en la sartén, de rehogar los riñones, doraremos la cebolla picada, añadiéndole a medio hacer el perejil y echando todo sobre los riñones.

Machacaremos al mortero la miga de pan junto con el diente de ajo pelado, remojando esto con una taza de caldo y añadiéndolo, también, a la cazuela.

Poner la cazuela al fuego y que hierva unos 20/30 minutos, agregando ahora el vino, sal, pimienta y el resto del caldo y prosiguiendo su cocción unos 10/12 minutos más.

Capítulo XI

AVES Y CAZA

311. Pollitos tomateros

Ingredientes para 4 personas :

*2 pollitos tomateros (con un peso
aproximado de 2.000 gramos)
200 gramos de jamón que tenga
bastante tocino
2 tazas de desayuno llenas de
aceite
½ kilo de tomate fresco maduro
1 cebolla gorda
1 diente de ajo
1 pizca de azúcar
Pimienta blanca en polvo
Sal fina
150 gramos de manteca de cerdo.*

Limpios los pollos los trocearemos en cuartos, y los asaremos con sal y con la manteca de cerdo, puesta en una cazuela, al fuego; deben hacerse muy doraditos.

Aparte cortaremos el jamón separándole el tocino, y, éste, junto con el aceite, lo pondremos en una sartén añadiéndoles la cebolla y el ajo, ambos pelados y bien picados y los tomates pelados y sin pepitas. Que todo se haga poco a poco, con sal, pimienta y el azúcar. Esta salsa no la pasaremos por un colador, sino que la echaremos a la cazuela del pollo junto con el jamón (frito). Los trozos de pollo cocerán en la salsa el tiempo justo para tomar su sabor.

NOTA: En la región vasca se dice que el pollo tomatero no ha de tener más, ni menos de 3 meses y que el secreto de su punto exacto está precisamente en la edad del animalito.

312. Pollo a la vasca

Ingredientes para 4 personas :

*1 pollo (con un peso aproximado
de 1.600 a 1.800 gramos)
3 dientes de ajo
½ limón
2 pimientos rojos o verdes frescos
½ kilo de tomates maduros
1 vaso de agua lleno de vino
blanco seco
2 cucharadas soperas llenas de
perejil fresco picado
6 cucharadas soperas llenas de
aceite
Sal
Azúcar.*

Limpiaremos el pollo y lo pasaremos por la llama de alcohol, cortándolo en trozos y frotándolo con ajo.

Lo dejaremos reposar media hora y a continuación lo freiremos en aceite caliente puesto en una sartén al fuego, hasta dejarlo dorado. Ya frito, lo dejaremos en una cazuela junto con el aceite de freirlo, y le añadiremos los pimientos asados pelados y partidos en tiras. Los tomates también los pelaremos, quitaremos las semillas y los partiremos a pedazos, poniéndolos con el pollo. Machacaremos en el mortero uno ce los dientes de ajo y le agregaremos el vino blanco vertiéndolo sobre el conjunto, y sazonándolo con sal y un pellizco de azúcar (así corregiremos la acidez del tomate), dejándolo cocer despacio durante una hora aproximadamente; pasado ese tiempo, le añadiremos unas gotas de limón y dejaremos cocer muy despacio otros diez minutos más. Rectificaremos de sal.

Una vez tierno lo separaremos del fuego y le quitaremos la grasa sobrante con una cuchara. Lo serviremos en una fuente honda y cubierto con toda la salsa, espolvoreándolo con el perejil fresco picado.

313. Pollos con tomate y pimientos

Ingredientes para 4 personas:

2 pollos pequeños (con un peso de 1.600 a 1.800 gramos)
250 gramos de jamón
8 tomates maduros
7 cucharadas soperas llenas de aceite
3 pimientos rojos frescos
3 dientes de ajo
1 cebolla blanca gorda
Unas ramas de perejil fresco
Sal
Pimienta blanca en polvo.

Una vez los pollos bien limpios y pasados por llama de alcohol, los sazonaremos con sal por dentro y por fuera y los armaremos enteros, para asarlos. Pondremos el aceite en una cacerola con los dientes de ajo (pelados y enteros) y echaremos los pollos, que rehogaremos a fuego lento hasta que tengan un bonito color dorado.

Añadiremos el jamón partido en trozos y la cebolla bien picada, dejando que todo se vaya haciendo con mucha calma, para que no se queme la cebolla.

Asaremos los pimientos y los pelaremos, cortándolos a trozos grandes que incorporaremos al guiso.

Aparte pelaremos los tomates y les exprimiremos bien el agua, quitándoles las pepitas y reduciéndolos a puré, los echaremos al pollo (los pimientos y los tomates sólo se añadirán cuando la cebolla esté ya dorada). Todo junto cocerá hasta que esté en buen punto (caso de que los pollos estén cocidos antes, los retiraremos y conservaremos en un plato al calor).

Pasaremos ahora los pollos a una cazuela de barro y poniendo alrededor el jamón (los pimientos, los dejaremos en un plato). Pasaremos la salsa, apretando mucho por el chino para que tenga consistencia y le añadiremos un poco de azúcar para corregir la acidez del tomate, vertiéndola por encima de los pollos. Adornándolos con los pimientos y sirviéndolos a continuación.

314. Pollo batzoki

Ingredientes para 4 personas:

1 pollo tierno (con un peso aproximado de 1.700 a 1.800 gramos)
1 copita de licor llena de vino rancio
1 taza de desayuno llena de caldo de carne
Sal
Pimienta blanca en polvo
Un poco de azúcar
4 tomates maduros
2 cebollas gordas
¼ de litro de aceite
2 ñoras (pimientos secos)
1 huevo cocido
1 diente de ajo
1 cucharada sopera llena de perejil picado
2 rebanadas de pan de maíz (barona)
Pan normal frito.

Trocearemos el pollo después de limpio y lo doraremos en una cazuela de barro al fuego, con el aceite, añadiéndole las cebollas peladas y picadas, y el ajo pelado y entero. Rehogaremos bien, agregándole las dos rebanadas de pan de maíz, los tomates mondados y desmenuzados, el vino rancio, el caldo tibio, el perejil, sal y un poco de pimienta.

Una vez que esté bien rehogado, taparemos la cazuela y lo dejaremos hacer, a fuego muy lento, por espacio de unos 30 minutos más o menos.

Las ñoras las remojaremos, y una vez tiernas, las rasparemos con ayuda de una cuchara y lo que saquemos de carne la echaremos al pollo, añadiendo también la yema del huevo cocido bien chafada con un tenedor.

Cuando falten pocos minutos para servir, escurriremos el pollo y le retiraremos la salsa de la cazuela, pasándola por un colador fino, y apretando con el fin de sacar todo lo más posible, volviéndola a poner al fuego en la misma cazuela. Si vemos que está muy clara la herviremos un poco más para espesarla y si está demasiado espesa, la aclararemos con un poco de caldo. Añadiremos un poco de azúcar y comprobaremos la sal.

Echaremos de nuevo el pollo en la misma salsa para calentarlo y lo adornaremos con los trozos de pan frito.

315. Pollo con salsa de huevo

Ingredientes para 4 personas:

1 pollo (con un peso aproximado de 1.700 a 1.800 gramos)
1 vaso de agua lleno de vino blanco
150 gramos de manteca de cerdo
1 cucharada sopera llena de

Limpio el pollo y entero, lo salaremos bien por dentro y por fuera asándolo, al horno, una fuente con parte de la manteca.

Lo haremos totalmente al horno cuidando mucho que quede doradito y bien hecho.

Mientras se asa prepararemos la salsa derritiendo una cucharada sopera colmada de manteca, puesta en una sartén

harina
1 yema de huevo crudo
1 copita de licor llena de vinagre
1 cebolla gorda
Sal
1 taza de desayuno llena de caldo
de carne.

Ingredientes para 4 personas:

6 pechugas de pollo (con un peso
aproximado de 600 a 700
gramos)
100 gramos de manteca de cerdo
¼ de litro de aceite
Sal
100 gramos de jamón
2 tazas de desayuno llenas de
salsa blanca[1]
3 huevos crudos
150 gramos de pan rallado
2 limones.

al fuego, y friendo en ella la cebolla pelada y picada, añadiéndole la harina, el vino y el caldo y dejándola cocer.
La pasaremos después por el colador.

Trocearemos el pollo, ya asado, y lo bañaremos con
la salsa. Al momento de servirlo le incorporaremos la yema
de huevo batida con el vinagre.

316. Pechugas de pollo albardadas (rebozadas)

Deshuesaremos las pechugas y les quitaremos la piel,
cortándolas a tiras largas que aplastaremos, sazonaremos,
y saltearemos en la manteca de cerdo (reservaremos un
poco de ésta) en una sartén al fuego. El jamón lo cortaremos
a cuadros y saltearemos en el resto de la manteca reservándolo en un plato.

Haremos una salsa blanca más bien espesa y en ella
bañaremos por ambos lados los trozos de pechugas de pollo
que luego pasaremos por pan rallado, por los huevos batidos,
otra vez por pan rallado y los freiremos en el aceite caliente.
El jamón lo echaremos por encima como adorno.

Lo serviremos con rodajas de limón.

---

[1] Para hacer la salsa blanca o bechamel, consultar Capítulo I, receta
número 11.

317. Conejo a la bilbaína

Ingredientes para 4 personas:

1 conejo (casero o de monte)
1 cabeza de ajos
1 hoja de laurel
½ litro de aceite
1 vaso de vino lleno de vino tinto
2 clavos de especia
50 gramos de manteca de cerdo

Limpio el conejo de sangre (si es preciso lo lavaremos al
chorro del agua, secándolo muy bien a continuación con un
paño) lo cortaremos a trozos más bien grandes, a los que daremos sal y pasaremos por harina, friéndolos en una sartén,
al fuego, en mitad manteca mitad aceite. Estos trozos, ya fritos, los dejaremos en una cazuela de barro.

Machacaremos en el mortero el hígado crudo del conejo,
los ajos pelados y enteros, los clavos de especia, el laurel, el

1 taza de desayuno llena de harina
1 lata de champiñones
50 gramos de avellanas tostadas
Sal
1 vaso de agua lleno de agua
½ pastilla de chocolate
1 cucharada sopera llena de perejil picado.

Ingredientes para 4 personas:

1 conejo entero
100 gramos de tocino fresco
50 gramos de jamón
3 pimientos rojos de lata
2 dientes de ajo
100 gramos de harina
1 taza de desayuno llena de caldo de carne
½ litro de vino blanco seco
Sal
Pimienta blanca en polvo
Un poco de tomillo
2 cucharadas soperas llenas de aceite.

Ingredientes para 4 personas:

1 conejo entero
100 gramos de manteca de cerdo
2 cebollas gordas
2 dientes de ajo
1 hoja de laurel
1 vaso de agua lleno de vino blanco
1 taza de desayuno llena de

perejil, las avellanas desprovistas de su piel y el chocolate, aclarándolo con el agua y con el vino y agregándolo al conejo, que hervirá lentamente con esta salsa.

Trocearemos los champiñones y los rehogaremos con un poco de grasa incorporándolos también al conejo.

Lo serviremos en la misma cazuela.

318. Conejo con pimientos rojos

Prepararemos el conejo entero y lo dejaremos unas 24 horas en un adobo compuesto por los ajos pelados y picados, el tomillo, un poco de pimienta y el vino blanco.

Pasado ese tiempo lo trocearemos y pasaremos por la harina, friéndolo en el aceite caliente, que habremos echado el tocino cortado a trozos. Una vez hecho lo pasaremos a una cazuela de barro, cubriéndolo con los pimientos, cortados a tiras y añadiéndole la grasa sobrante después de freirlo, así como el caldo y la sal. Taparemos la cazuela y la dejaremos que se vaya haciendo muy lentamente, moviéndola de vez en cuando.

Cuando vayamos a servir el conejo, le pondremos el jamón cortado a trozos por encima.

319. Conejo guisado

Para esta preparación del conejo tendremos que ponerlo, la víspera, en una marinada compuesta por una de las cebollas pelada y cortada a ruedas, los dientes de ajo pelados y machacados, la hoja de laurel y el vinagre. Trocearemos el conejo (reservando el hígado) le daremos sal y lo sumergiremos en esta marinada.

Al día siguiente lo escurriremos, pondremos la manteca en una cazuela de barro al fuego, y en ella freiremos la otra cebolla, pelada y picada; cuando empiece a dorar, le incor-

vinagre
2 cucharadas soperas llenas de
pan rallado
1 lata de puntas de espárragos
1 lata de arvejillas (guisantes)
4 patatas
$\frac{1}{4}$ de litro de aceite
Sal.

poraremos el conejo y el hígado, así como el vino blanco. Taparemos la cazuela, que se haga lentamente.

Pelaremos las patatas y las cortaremos a cuadros que, después de saladas, las freiremos en el aceite, echándolas también al conejo.

Abriremos las latas de arvejillas y de espárragos y también las incorporaremos a la cazuela, dejándola que prosiga su cocción unos 10/15 minutos más de tiempo, y sirviendo el conejo en la misma cazuela.

320. Conejo a la navarra

Ingredientes para 4 personas :

1 conejo entero
3 tomates frescos que estén
maduros
1 limón
1 vaso de agua lleno de agua
1 vaso de agua lleno de vino
blanco seco
20 cebollitas pequeñas todas
 guales
4 patatas
1 cucharada sopera llena de
perejil fresco picado
Un poco de romero
2 dientes de ajo
Sal
Pimienta blanca en polvo
1 hoja de laurel
3 cucharadas soperas llenas de
manteca de cerdo
$\frac{1}{2}$ taza de desayuno llena de caldo
de carne.

Prepararemos el conejo cortándolo a trozos irregulares a los que daremos sal y cubriremos con el zumo exprimido, y colado, del limón.

En una cazuela de barro al fuego, y con 2 cucharadas de manteca, freiremos los trozos de conejo. Una vez dorados le echaremos las cebollitas peladas y enteras, los ajos pelados y trinchados, el vino y el agua. Añadiremos un poco de pimienta en polvo y otro poco de sal, el laurel y romero atados como un manojo, así como el perejil picado, tapando la cazuela para que se haga a fuego muy lento una hora, aproximadamente.

Retiraremos el manojo de hierbas y agregaremos las patatas peladas y cortadas a trozos, así como el resto de la manteca y el caldo.

Cocerá ahora hasta que veamos las patatas en su punto. Serviremos en la misma cazuela.

321. Gallina a la bearnesa (cocina vasco-francesa)

Ingredientes para 4 personas:

1 gallina joven y tierna (con un peso aproximado de 1.500 a 1.800 gramos)
100 gramos de tocino ahumado en un solo trozo
2 dientes de ajo
1 escaloña
1 cebolla
Un ramillete de hierbas atado compuesto por: laurel, tomillo y perejil fresco
400 gramos de tomates frescos bien maduros
1 vaso de agua lleno de vino tinto
una cucharada sopera y media llena de coñac
2 zanahorias medianas
Pimienta blanca en polvo
Sal
6 cucharadas soperas llenas de aceite.

Prepararemos la gallina quitándole bien todas las plumas y quemándola a la llama del alcohol; una vez limpia la partiremos a trozos (2 de cada cuarto).

Echaremos el aceite en una cazuela de barro y pondremos ésta al fuego, añadiéndole el tocino cortado a trocitos y así que esté casi derretido (no del todo) incorporaremos la escaloña y la cebolla ambas peladas y trinchadas, las zanahorias peladas y cortadas a rodajas.

Rehogaremos todo bien agregando la gallina, y así que ésta se dore un poco cubriremos los trozos de la gallina con el coñac prendiéndole fuego, y antes de que se apaguen del todo las llamas, echaremos los tomates pelados y reducidos a puré en crudo, el ramillete de hierbas (que retiraremos a la hora de servir la gallina), los ajos pelados y picados y el vino tinto.

Sazonaremos con pimienta y sal, rehogaremos bien, moviendo la gallina en la cazuela con la cuchara de palo y que se haga, a fuego lento, unas 2/3 horas según la calidad de su carne.

La serviremos en la misma cazuela de cocción.

322. Pechugas de gallina albardadas (rebozadas)

Ingredientes para 4 personas:

6 pechugas de gallina
100 gramos de jamón
1 taza de desayuno llena de harina
100 gramos de mantequilla
4 huevos crudos

Elegiremos pechugas de gallina joven para que así sean más tiernas. Las herviremos un poco en el agua con sal, añadiéndoles la cebolla, la zanahoria, el puerro (todo pelado y entero) un poco de tomillo y el perejil.

Cuando estén tiernas las escurriremos bien y quitaremos la piel y huesos, cortándolas en filetes.

Prepararemos una salsa blanca añadiéndole el jamón cor-

1 cebolla pequeña
1 zanahoria
1 puerro
1 poco de tomillo
Unas ramás de perejil fresco
Sal
1 litro de agua
1 taza de desayuno llena de salsa
blanca[1].

Ingredientes para 4 personas:

1 pato entero (con un peso
aproximado de 1.800 gramos)
Un ramillete compuesto por
estragón y tomillo
2 cebollas medianas
2 clavos de especia
2 cucharadas soperas llenas de
harina
1 vaso de agua lleno de vino
blanco
1 litro de caldo de carne
5 cucharadas soperas llenas de
aceite
Un poco de vinagre
Sal fina.

Ingredientes para 4 personas:

1 pato entero (con un peso
aproximado de 1.800 gramos)
50 gramos de manteca de cerdo
3 cucharadas soperas llenas de
caldo
Sal
Pimienta blanca en polvo.

tado a trozos pequeños. Pasaremos las pechugas por esta salsa y luego por la harina y por los huevos bien batidos, friéndolas en la mantequilla, y sirviéndolas recién hechas.

[1] Para hacer la salsa blanca, consultar Capítulo I, receta núm. 11.

323. Pato a la tolosana

Limpio el pato por dentro y por fuera, quemado de las plumas que pudiera tener, lo pondremos a cocer con sal (entero) en el caldo, al que echaremos el vino blanco, el ramillete compuesto y los clavos de especia.

Mientras cuece haremos la salsa friendo las cebollas peladas y trinchadas, en el aceite puesto en una sartén al fuego, y añadiéndoles la harina, y parte del caldo de cocer el pato.

El pato, ya cocido, lo trincharemos y pondremos en una fuente cubriéndolo con la salsa pasada por el colador y a la que habremos añadido unas gotas de vinagre.

324. Pato asado

Después de pelado, vaciado y chamuscado, cortaremos la cabeza y las patas del pato y lo limpiaremos con un paño. Podemos asarlo al horno o bien en cazuela sobre el fuego. En el primer caso tendremos que ponerlo sobre una parrilla, y ésta dentro de una tartera. Le echaremos sal y pimienta, untándolo con la manteca de cerdo, y echando las cucharadas de caldo en la tartera. Lo meteremos al horno, donde lo dejaremos hacer hasta verlo bien dorado y cuidando de darle vuelta y de rociarlo de vez en cuando con su propia salsa.

Sobre el punto de cocción del pato, los gastrónomos no están nunca de acuerdo. Muchos opinan que debe asarse poco y algunos hasta lo quieren con sangre. Así que el punto lo dejaremos al gusto de cada cual.

Una vez el pato asado (al horno o en cazuela) desengrasaremos la salsa y le añadiremos un poco de caldo, poniéndola al fuego y cuando ha hervido un minuto la retiraremos.

El pato lo podemos presentar con berros, lechuga fresca o patatas, y la salsa caliente, en una salsera aparte.

325. Pato bearnés (cocina vasco-francesa)

Ingredientes para 4 personas:

1 pato (con un peso aproximado de 1.800 gramos)
150 gramos de mantequilla
6 cebollas medianas
2 cucharadas soperas llenas de harina
Sal
Pimienta blanca en polvo
1 limón
Un poco de perejil
Un poco de tomillo
1 hoja de laurel
1 clavo de especia
Un poco de albahaca
1 vaso lleno de vino blanco seco
2 tazas de desayuno llenas de agua.

Prepararemos al pato entero y lo limpiaremos bien, le daremos sal y pimienta y lo doraremos en una cazuela de barro con la mitad de la mantequilla; así que lo veamos de un bonito color dorado añadiremos a la cazuela las hierbas aromáticas, que las compondremos con el perejil, el tomillo, el laurel y la albahaca, todas ellas atadas con un hilo. Echaremos el vino tibio y taparemos la cazuela, dejándola que vaya haciéndose hasta que el pato esté bien tierno y poniéndole el agua (tibia) en dos o tres veces.

Cortaremos las cebollas, después de peladas, a tiras finas, y las freiremos en el resto de la mantequilla echándoles un poco de sal y otro poco de pimienta.

Una vez tiernas sin dorar, las espolvorearemos con la harina y añadiremos al pato, que hervirá hasta que la salsa quede reducida. En ese punto le agregaremos el zumo de medio limón colado.

326. Oca confitada
(cocina vasco-francesa)

Ingredientes para 6/8 personas:

1 oca (con un peso aproximado de 2 a 3 kilos)
100 gramos de manteca de cerdo
Sal gorda
150 gramos de grasa de oca.

Bien limpia la oca sacaremos todos los dentros incluyendo el hígado, que utilizaremos para otra preparación.

Cortaremos la oca a trozos grandes y la pondremos en una tarrina con sal, toda ella bien impregnada en sal gorda. La tarrina permanecerá en lugar fresco (no en el frigorífico) y bien tapada unas 24/36 horas. Pasado dicho tiempo secaremos bien los trozos con una servilleta y los echaremos a un puchero de barro, junto con la grasa de oca (previamente derretida) poniendo este puchero a fuego lento, que se haga poco a poco. Durante la cocción pincharemos de vez en cuando la carne de la oca.

Una vez hecha retiraremos los trozos de oca, los dejaremos en tarrina y colaremos su grasa sobre ellos y, una vez completamente fríos, los cubriremos con una buena capa de manteca de cerdo; de esta forma se conservarán mucho tiempo.

327. Oca rellena

Ingredientes para 6 personas:

1 oca (con un peso aproximado de 2 a 2 ½ kilos)
500 gramos de castañas
1 litro de agua
2 cebollas medianas
Sal
Pimienta blanca en polvo
200 gramos de salchichas
2 trufas
Nuez moscada
2 vasos de agua llenos de caldo de carne
150 gramos de manteca de cerdo
2 zanahorias medianas.

Prepararemos la oca entera bien limpia de plumas. En el agua coceremos las castañas; así que estén hechas, las pelaremos de corteza y piel.

Echaremos un poco de manteca en una sartén grande y en ella picaremos una de las cebollas, después de haberla pelado; así que tome color, añadiremos las castañas, bien chafadas, las salchichas, cortadas a trozos, las trufas troceadas y echaremos sal y pimienta y un poco de ralladura de nuez moscada.

Una vez todo bien hecho rellenaremos con ello la oca y coseremos su abertura poniéndole sal por dentro y por fuera.

Asaremos la oca junto con el resto de la manteca y al horno. A mitad de su cocción añadiremos el caldo de carne, la cebolla y zanahorias peladas y cortadas a trozos y dejaremos que continúe su cocción poco a poco de dos a tres horas más o menos.

Serviremos la oca trinchada junto con su relleno y bañada con su propia salsa.

328. Pularda a la bearnesa (cocina vasco-francesa)

Ingredientes para 6 personas:

1 pularda (con un peso aproximado de 1.800 gramos)
100 gramos de grasa de oca confitada
150 gramos de jamón sin grasa
2 cebolletas tiernas
2 cebollas
3 zanahorias
2 dientes de ajo
Unas ramas de perejil fresco
1 taza de desayuno llena de caldo de carne
Sal
Pimienta blanca
100 gramos de tocino fresco
6 rebanadas de pan.

Vacía y limpia el ave, reservando el hígado, la pasaremos por la llama del alcohol, para quemar las plumas que pudiese tener, retirándole los huesos grandes, por la parte de las alas, después de cortar éstas, el cuello y las patas.

Con estos despojos, junto con parte del jamón y un picadillo compuesto por las cebolletas, cebollas, un diente de ajo, zanahorias y perejil todo pelado, prepararemos un fondo en una cazuela, para asar la pularda.

Mientras haremos un relleno con el hígado y el resto del jamón, rehogándolo en un poco de grasa, después de picarlo y agregándole el tocino cortado a trozos y rellenando con ello el interior de la pularda, que cubriremos con las rebanadas de pan que habremos frotado con los dos dientes de ajo que nos restaban. Envolveremos el ave en un lienzo fino que coseremos y la pondremos en la cazuela preparada anteriormente, cubriéndola con el caldo de carne. Esta cazuela podemos meterla al horno o bien que se ase sobre el calor del hornilllo, poco a poco, por espacio de más de una hora.

Ya tierna, y retirada del fuego, la dejaremos enfriar, retiraremos la tela, colaremos el jugo (tirando los despojos que tengan hueso) y sirviéndola cortada a trozos con su salsa caliente, o fría, según agrade más.

329. Chimbos (pajaritos) a la bilbaína

Ingredientes para 4 personas:

16 chimbos
100 gramos de manteca o 1 taza de desayuno llena de aceite de muy

Una vez desplumados los pajaritos les quitaremos las tripas y pasaremos un trapo, limpio, salándolos convenientemente, por dentro (no deben lavarse) y procediendo a cortar las patitas y el pico.

buena calidad
*2 cucharadas soperas llenas de
pan rallado
2 cucharadas soperas llenas de
perejil fresco picado
Sal fina
Pimienta blanca en polvo.*

Echaremos a una sartén al fuego la grasa (o sea la manteca o el aceite) y los freiremos en ella; una vez fritos y escurridos los mantendremos en un plato al calor y en la grasa sobrante echaremos el pan rallado unido al perejil, rápidamente de forma que no se ponga negro el perejil. Le echaremos sal y pimienta y cubriremos con ello los pajaritos sirviéndolos rápidamente a la mesa.

330. Capón relleno y asado a la vasca

*Ingredientes para 7/8 perso-
nas:*

*1 capón (con un peso aproximado
de 3 kilos)
600 gramos de salchichas o bien
la misma cantidad de carne
picada de cerdo
300 gramos de tocino fresco
25 gramos de especias variadas
molidas
1 vaso de vino lleno de jerez seco
50 gramos de nueces sin cáscara
100 gramos de setas frescas
2 yemas de huevo crudo
1 clara de huevo crudo
300 gramos de telilla de cerdo
Sal
Pimienta blanca en polvo
20 gramos de manteca de cerdo.*

Arreglado el capón y sin plumitas le cortaremos el pescuezo o cuello, dejando piel suficiente en el buche.

En crudo uniremos todos los ingredientes cortados, excluyendo la telilla de cerdo y la manteca, y a estos ingredientes les echaremos sal y pimienta, rellenando el capón por el buche y estirando después su piel, que coseremos a la espalda. Coseremos o cerraremos, también, el capón por abajo al objeto de que no se escape el relleno. Una vez bien cerrado, lo envolveremos en la telilla de cerdo, dejándolo en el frigorífico unas 48 horas.

Una vez transcurrido dicho tiempo lo asaremos al horno con la manteca de cerdo hasta que lo veamos muy tierno.

Lo serviremos trinchado y con el relleno alrededor.

331. Faisán en puchero

Ingredientes para 4 personas:

*1 faisán (con un peso aproximado
de 1.200 a 1.500 gramos)
1 tira de tocino con un peso de
100 gramos*

En un puchero al fuego, pondremos el vino y el caldo y añadiremos las cebollas, las zanahorias y el apio, todo pelado y cortado a tiras finas, así como el manojo de hierbas aromáticas, sazonando con sal y pimienta y dejándolo hervir durante 30 minutos. En esa media hora espumaremos el

2 cebollas gordas
2 zanahorias medianas
2 ramas de apio
1 litro de caldo de carne
½ litro de vino blanco seco
50 gramos de mantequilla
1 cucharada sopera llena de
harina
1 yema de huevo crudo
El zumo de 1 limón
1 manojo de hierbas aromáticas
(compuesto por tomillo, laurel y
perejil)
Sal
Pimienta blanca en polvo.

puchero varias veces. Prepararemos el faisán limpio y envuelto en la tira de tocino, y lo echaremos al puchero dejándolo cocer durante 30/40 minutos, según la calidad de su carne. Derretiremos la mantequilla en una cazuela y así que esté bien caliente, añadiremos la harina, removiendo con una cuchara de palo y lo dejaremos cocer por espacio de cinco minutos. De vez en cuando lo regaremos con la salsa de la cocción del faisán, dejándolo que siga cociendo durante media hora y removiendo a menudo con la cuchara, hasta que la salsa haya tomado bastante consistencia. Incorporaremos entonces, fuera del fuego, una mezcla compuesta por el zumo del limón y la yema del huevo, todo bien batido y pasado por un tamiz. Trincharemos el faisán a trozos y los colocaremos en una fuente, cubriéndolos con su salsa.

332. Faisán asado

Ingredientes para 4 personas:

1 faisán (con un peso aproximado de 1.200 a 1.500 gramos)
1 telilla de cerdo capaz para cubrir el faisán
2 cucharadas soperas llenas de manteca de cerdo
Sal fina.

Limpio y sin tripas el faisán, y pasado por la llama del alcohol, lo secaremos bien con un trapo de cocina salándolo por fuera y por dentro y poniéndole, dentro, una cucharada de manteca de cerdo.

Bien armado lo envolveremos en la telilla de cerdo y después en un papel blanco previamente engrasado con manteca, colocándolo en una parrilla y metiendo ésta en una tartera para que se ase en el horno.

Generalmente se calcula de 20 a 25 minutos de horno por cada 1/2 kilo de peso.

Unos 6 minutos antes de terminar su cocción le quitaremos el papel y dejaremos que se dore bien por todos los lados. Cuando veamos que ya está hecho, lo podremos comprobar si pinchamos con un cuchillo fino entre el pecho y el muslo; si el jugo que sale es blanco estará ya hecho, si sale de color sonrosado, debemos seguir su cocción.

Lo serviremos trinchado a cuartos.

333. Chocha a la vizcaína

Ingredientes para 2 personas:

2 chochas
100 gramos de tocino fresco
3 cucharadas de manteca de cerdo
2 cebollas gordas
2 tazas de desayuno llenas de caldo de carne
1 copita de licor llena de jerez seco
8 nabos pequeños
1 cucharada sopera llena de harina
Sal.

Al limpiar las chochas guardaremos sus tripas, pues las necesitaremos para esta receta.

Secaremos bien las chochas con un trapo, y las daremos sal, poniéndolas en un puchero al fuego, junto con 2 cucharadas de manteca, el tocino, una de las cebollas pelada y trinchada, parte del caldo, el jerez y los nabos pelados pero enteros.

A medida que se haga, poco a poco, le iremos añadiendo más caldo.

Aparte en una sartén, con el resto de la manteca, freiremos la otra cebolla pelada y picada y cuando tome color añadiremos las tripas de las chochas, bien limpias y trabajando dichas tripas con el tenedor, para que se deshagan, incorporaremos la harina y un poco del jugo que tienen las chochas y pasaremos esta salsa sobre las mismas.

Las serviremos enteras con los nabos alrededor y cubiertas por la salsa.

334. Becadas con nabos a la bilbaína

Ingredientes para 3 personas:

3 becadas o sordas
3 lonchas de tocino
3 dientes de ajo
1 rebanada de pan
3 cebollas
12 nabos pequeños
1 vaso de agua lleno de vino blanco seco
50 gramos de manteca de cerdo
2 tazas de desayuno llenas de caldo
1 taza de desayuno llena de harina

Limpiaremos las becadas reservando las tripas, y las armaremos sazonándolas con sal y pimienta y pasándolas ligeramente por la harina.

En una cazuela amplia, al fuego, pondremos la manteca de cerdo y el aceite, friendo en ella los ajos y el pan; ya fritos, los retiraremos y reservaremos poniendo el tocino y las becadas y dejándolo dorar ligeramente, añadiéndole seguidamente las cebollas peladas y picadas y los nabos raspados y enteros. Lo dejaremos hacer a fuego lento.

En el mortero machacaremos los ajos y el pan frito junto con las tripas de las becadas y desliendo todo ello con el vino lo verteremos sobre el guiso, añadiendo también las tazas de caldo.

Pimienta blanca en polvo
6 cucharadas soperas llenas de
aceite
Sal.

Rectificaremos de sal, dejándolas cocer bien tapadas a fuego lento unas dos horas.

En su punto, se colocan las becadas partidas en medio en una fuente y la salsa, pasada por un pasador fino, se vierte sobre las aves.

335. Perdices con col

Ingredientes para 4 personas :

2 perdices
1 col de tamaño grande
250 gramos de zanahorias
125 gramos de salchichón crudo
200 gramos de pecho de tocino
1 corteza de tocino entreverado
1 cebolla de tamaño grande
Un clavo
Medio vaso de agua lleno de vino
blanco seco
Sal
Pimienta en polvo
2 litros de agua.

Limpiaremos la col y la partiremos en trozos más bien gruesos, desestimando el tronco central, la blanquearemos durante 15 minutos, en el agua hirviendo y sin sal. Escurrida la pondremos en agua fría durante 10 minutos. Volviéndola a escurrir y prensándola entre las palmas de las manos, para que desprenda toda el agua. La echaremos en una cazuela, junto con el tocino, el salchichón, las zanahorias, limpias y enteras, la corteza de tocino, la cebolla, mechada en el clavo, pimienta y muy poca sal. Rociando la mezcla con el vino y dejándola cocer durante una hora con la cazuela tapada. Añadiremos entonces las perdices, previamente doradas en el horno muy caliente. Taparemos de nuevo la cazuela y proseguiremos la cocción durante otra hora. Retiraremos las zanahorias y el salchichón en cuanto estén a punto. Ya hechas las perdices las cortaremos por la mitad. Sacaremos también el tocino y lo cortaremos a rectángulos. Pondremos la col en una fuente previamente calentada y le añadiremos las perdices divididas y el conjunto compuesto por las zanahorias, el tocino y el salchichón, todo cortado a rodajas.

336. Perdices a la navarra

Ingredientes para 4 personas :

2 perdices
2 docenas de cebollitas
1 vaso de vino lleno de vinagre

Ya limpias las perdices, las ataremos con un hilo para que tengan buena forma, y las sazonaremos. En una sartén al fuego, con la mitad de la manteca y la mitad del aceite, las freiremos hasta dorarlas, colocándolas ya fritas en una

215

6 rebanadas de pan seco
2 onzas o porciones de chocolate
2 dientes de ajo
¼ de litro de vino blanco seco
100 gramos de manteca de cerdo
1 hoja de laurel
Unas ramas de perejil fresco
Pimienta blanca en polvo
2 cucharadas soperas llenas de aceite
Sal
1 taza de desayuno llena de caldo de carne o agua.

cazuela, a ser posible de barro; y friendo en el mismo aceite los ajos, la hoja de laurel y un poco de perejil.

Echaremos este sofrito sobre las perdices, añadiéndoles el vino, el vinagre, el agua o el caldo y unos granos de pimienta y dejándolas hacer tapadas a fuego lento.

Pelaremos las cebollitas y las escaldaremos, bien escurridas, las doraremos en la manteca restante, sazonándolas y añadiéndolas al guiso. Rallaremos el chocolate y lo desharemos en un poco de la salsa de las perdices vertiéndolo sobre ellas; proseguiremos la cocción hasta que las aves estén en su punto.

Freiremos las rebanadas de pan en el resto del aceite. En el momento de servirlas, partiremos las perdices por la mitad, colocando los trozos sobre el pan, y rodeándolos con las cebollitas, bañándolos con la salsa bien caliente, después de retirarle la hoja de laurel.

337. Palomas zuritas a la bilbaína

Ingredientes para 4 personas:

2 palomas
½ litro de aguardiente seco
2 cucharadas de manteca de cerdo
Sal
Pimienta blanca en polvo
1 zumo de 1 limón
12 alcachofas
1 litro de agua.

Limpias las palomas y vaciadas, reservaremos sus hígados, que daremos un hervor en un vaso de agua, y reservaremos aparte.

Enteras las palomas, las asaremos con parte de la manteca en un puchero y, cuando estén hechas y bien escurridas, las partiremos a trozos poniendo éstos en una tarrina y cubriéndolos con el aguardiente seco y el zumo del limón.

Prepararemos las alcachofas (solo los corazones) y las herviremos primero en agua y sal y después en agua (muy poca) a la que añadiremos una cucharada de manteca.

Estas alcachofas las reduciremos a puré y las uniremos a los hígados chafados, otra cucharada de manteca, sal y pimienta, poniendo el conjunto en una cazuela de barro y sobre él los trozos (escurridos) de las palomas, que cueza todo junto unos 15/20 minutos pasados los cuales ya podemos servir las palomas.

338. Codornices a la bilbaína

Ingredientes para 4 personas:

8 codornices
8 hojas de parra
Sal
Pimienta blanca en polvo
8 lonchas finas de tocino fresco
100 gramos de manteca de cerdo.

Limpias y enteras las codornices, las daremos sal, por dentro y por fuera, así como un poco de pimienta. Dispuestas las hojas de parra y limpias, envolveremos, cada codorniz, en una hoja de parra poniendo por encima una loncha fina de tocino y atándolo bien con un hilo fino.

Así dispuestas las 8 codornices, las asaremos, en cazuela puesta al fuego y con la manteca de cerdo.

Una vez hechas las quitaremos el hilo que las envuelve y las serviremos enteras con el tocino y la hoja de parra.

339. Pochas con codornices (cocina alavesa y navarra)

Ingredientes para 4 personas:

8 codornices previamente asadas
en manteca
400 gramos de pochas frescas
Sal
3 cebollas
1 taza de desayuno llena de aceite
4 tomates maduros
1 pimiento verde
1½ litros de agua.

Las pochas son las alubias que están en la vaina cuando empiezan a granar y la vaina se desprende de ellas. Suelen ser muy tiernas y mantecosas.

Pondremos un puchero de barro al fuego con el agua y en ella, sin sal, coceremos las pochas. Las salaremos cuando estén hechas.

En una sartén, al fuego, con el aceite, freiremos las cebollas y los tomates, ambos pelados y muy trinchados y el pimiento verde, sin semillas y cortado a trozos. Lo salaremos y pasaremos por un colador añadiéndolo a las pochas, que estarán ya cocidas y con muy poco caldo y colocadas en una cazuela de barro. Daremos un hervor a las pochas, calentaremos al horno las cordornices asadas y presentaremos una fuente con pochas y codornices.

340. Lomos de liebre en salsa a la navarra (cocina navarra)

Ingredientes para 3 personas:

3 lomos de liebre
2 dientes de ajo
1 cebolla gorda

A la liebre (o liebres), ya reposadas, les quitaremos los lomos y pondremos éstos a marinar (24 horas) en un recipiente de barro con el vino blanco y la cebolla picada; en esta marinada, le daremos dos o tres vueltas con cuchara

300 gramos de champiñones
2 cucharadas soperas llenas de
jugo de carne concentrado
1 cucharada sopera llena de
mantequilla
100 gramos de manteca de cerdo
Un poco de tomillo
1 hoja de laurel
1 taza de desayuno llena de caldo
1 cucharada sopera llena de
harina
Sal
1 vaso de agua lleno de vino
blanco
½ cebolla picada.

de palo. Escurriremos los lomos y los doraremos en la manteca, puesta en una cazuela al fuego. En la misma grasa echaremos la cebolla pelada y picada y los ajos picados, todo frito, sin que se dore mucho, lo espolvorearemos con la harina y añadiremos el caldo con el jugo de carne, el laurel y el tomillo formando un ramito y sazonaremos esta salsa, echándola sobre los lomos, que dejaremos cocer, tapada la cazuela y a fuego lento hasta que estén tiernos.

Limpiaremos los champiñones en caso de ser frescos (pueden ser de lata) y los rehogaremos en la mantequilla. Ya los lomos en su punto, los pondremos, partidos en trozos, en una fuente, reservándolos al calor. Pasaremos la salsa por el chino y le añadiremos los champiñones, a los que daremos un hervor, incorporando todo sobre los trozos de la liebre, que serviremos rápidamente a la mesa.

Capítulo XII

POSTRES

341. Bizcochos rellenos de Vergara

Ingredientes para los bizcochos (4 personas):

$\frac{1}{4}$ *de kilo de harina*
$\frac{1}{4}$ *de kilo de azúcar*
6 huevos
Azúcar glas o lustre
Un poco de mantequilla.

Ingredientes para el relleno:

$\frac{1}{4}$ *kilo de azúcar*
12 yemas crudas
1 vaso de agua lleno de agua.

Ingredientes para el baño:

$\frac{1}{2}$ *litro de almíbar a punto de hebra más bien fuerte.*

Empezaremos por hacer los bizcochos batiendo en un utensilio hondo los huevos, a calor del fuego, para que así, al batirlos, resulten más esponjosos. Añadiremos el azúcar y seguiremos batiendo mucho hasta verlo bien unido, momento en que incorporaremos la harina mezclándola dulcemente.

Echaremos la pasta en una manga con boquilla lisa y ancha y prepararemos una bandeja de horno forrada con papel, untando éste con la mantequilla. Sobre el papel formaremos tiras alargadas que, después de espolvorearlas con el azúcar, meteremos a horno regular.

El relleno lo prepararemos haciendo un almíbar con el azúcar y el agua; cuando obtengamos un punto de hebra fuerte, lo batiremos con cuchara de palo, añadiéndole las yemas de huevo.

Ya fuera del horno los bizcochos, y fríos, los cortaremos por la mitad rellenándolos con la pasta preparada. Como final, cubriremos los bizcochos con el almíbar y los meteremos al horno, sólo el tiempo necesario para que se sequen un poco (unos 15 minutos más o menos).

342. Ensainadas de Tudela

Ingredientes para 4 personas:

6 huevos crudos
400 gramos de azúcar
1 taza de desayuno llena de aceite del más fino
200 gramos de levadura de panadero
1 vaso de agua lleno de aguardiente
15 gramos de anís en grano
1 kilo de harina fina
$\frac{1}{2}$ *litro de leche.*

La pasta la haremos calentando una pequeña parte de la leche y echando en ella el azúcar, el aguardiente, la levadura y el anís pulverizado, todo bien unido lo trabajaremos con la mano limpia, incorporando poco a poco el aceite y 5 de los huevos (ya batidos).

Tan pronto queden todos estos componentes bien unidos, les agregaremos la harina, poco a poco, trabajando la pasta vigorosamente, hasta que quede muy fina y se suelte del recipiente en el que la trabajamos.

Logrado este punto, taparemos con un paño el recipiente y dejando durante 24 horas en lugar templado al objeto de que fermente la pasta.

Procederemos después a marcar las ensainadas, cortando fragmentos de pasta de 120 gramos, y espolvoreándolos ligeramente con harina, modelando unos bollos redondos, que colocaremos en latas lisas, ligeramente untadas de aceite y bien separadas unas piezas de otras. Las dejaremos así durante una hora, y las coceremos a horno fuerte, una vez les falte poco para que estas ensainadas (no ensaimadas) estén cocidas, las pintaremos por encima con el otro huevo batido y bien espolvoreadas de azúcar las terminaremos de cocer.

Estas ensainadas también pueden hacerse con manteca de vaca o manteca de cerdo.

343. Suspiros de Bilbao

Ingredientes para 4 personas :

11 huevos
¼ de kilo de mantequilla
¼ de kilo de azúcar
400 gramos de harina
100 gramos de almendras tostadas
Un poco de vainilla en polvo
1 cucharada sopera llena de aceite.

Ablandada la mantequilla, la batiremos, en un utensilio hondo, con el azúcar y con 10 de los huevos echados uno a uno y batiendo bien cada vez. Reduciremos a polvo las almendras, peladas, y las echaremos al batido anterior incorporando también la harina y un poco de vainilla.

Prepararemos moldes de papel, a los que daremos aceite, y llenaremos con la pasta, puesta en una manga pastelera con boquilla lisa.

Batiremos el huevo restante y pintaremos con él la superficie de los suspiros, que coceremos a horno regular.

344. Tostada de pan a la vasca

Ingredientes para 5 personas :

1 pan de kilo
½ litro de leche
6 huevos
150 gramos de manteca de cerdo
Canela en polvo
Canela en rama
¼ kilo de azúcar.

El pan es mejor que sea del día anterior. Cortaremos rodajas o rebanadas de 2 centímetros de grueso y las colocaremos unas junto a otras (nunca amontonadas) en una fuente plana cubriéndolas con la leche caliente y que habremos hervido con parte del azúcar y la canela en rama. Les daremos la vuelta para que se impregnen por un igual.

Al ir a hacerlas las escurriremos bien poniéndolas en otra fuente e inclinando ésta un poco.

Batiremos los huevos, las pasaremos con mucho cuidado por ellos y las freiremos en la manteca puesta al fuego en una sartén.

Según las saquemos del fuego las espolvorearemos con una mezcla compuesta por canela en polvo y azúcar.

Pueden comerse calientes o frías.

NOTA: En el País Vasco suele emplearse un pan especial llamado: Gallofa.

345. Tostadas de crema

Ingredientes para 4 personas:

125 gramos de harina de arroz
7 cucharadas soperas llenas de
azúcar polvo
6 yemas de huevo crudo
1 litro de leche
1 trozo de corteza de limón
2 cucharadas soperas llenas de
azúcar fino
1 cucharada sopera llena de
canela en polvo
100 gramos de harina normal
4 huevos crudos
150 gramos de manteca de cerdo.

Pondremos parte de la leche al fuego en un cazo hondo y echaremos a éste leche, la corteza de limón y las 7 cucharadas de azúcar. En el resto de la leche desleiremos la harina de arroz y la incorporaremos a la otra leche que tenemos al fuego, revolviendo bien y cuidando que se forme una pasta espesa; llegado a ese punto incorporaremos las yemas de huevo, echándolas una a una, y batiendo siempre.

Una vez hecha la pasta se dejará enfriar en una fuente plana (debe quedar algo gruesa).

Ya fría, la cortaremos a trozos rectangulares que pasaremos por la harina y por los huevos batidos, friéndolos en la manteca caliente.

Por último cubriremos las tostadas con canela en polvo, mezclada al azúcar fino.

346. Canutillos de Bilbao a la crema

Ingredientes para 4 personas:

½ kilo de pasta para hojaldre
50 gramos de harina
125 gramos de azúcar
1 huevo crudo

Estiraremos bien la pasta de hojaldre arrollando una porción de la misma en un tubo metálico en forma alargada, haremos otro tanto con el resto de la pasta.

Meteremos al horno los canutillos con su tubo y todo y, una vez dorados, los retiraremos dejándolos enfriar.

¼ de litro de leche
Un poco de vainilla en polvo
3 cucharadas de azúcar glas.

Prepararemos el relleno con la harina, puesta en un cazo y a la que añadiremos el azúcar, el huevo batido y la leche (tibia) con un poco de vainilla. Todo ésto cocerá hasta formar una crema espesa.

Con esta crema rellenaremos los canutillos después de quitarles el tubo. Los cubriremos con el azúcar glas.

347. Tejas

Ingredientes:

150 gramos de almendras tostadas
3 claras de huevo
150 gramos de azúcar
2 cucharadas soperas llenas de harina
2 cucharadas soperas llenas de mantequilla
Agua.

Pelaremos las almendras y las cortaremos a tiras; para hacerlo fácilmente, podemos meterlas unos minutos en agua muy caliente. Batiremos las tres claras junto con el azúcar hasta que se ponga todo muy espumoso, añadiremos la las almendras y una cucharada de harina, mezclándolo muy bien. Pondremos las tejas en forma alargada, bastante distanciadas unas de otras (pues se extienden mucho), en una placa de horno untada de mantequilla y espolvoreada de harina.

Coceremos a horno suave, separándolas de la placa y enrollándolas antes de que se enfríen.

348. Pastel ruso

Ingredientes para 4 personas:

7 claras de huevo
¼ de kilo de azúcar
Otro ¼ de kilo de azúcar
1 decilitro de agua
Un poco de vainilla
3 yemas de huevo
¼ de kilo de mantequilla
50 gramos de azúcar glas
2 cucharadas soperas llenas de aceite.

Batiremos en un recipiente hondo las claras de huevo, añadiéndoles uno de los dos cuartos de kilo de azúcar lentamente y en forma de lluvia, y removiendo con la espátula para que se una bien.

Extenderemos los papeles de barba, a los que daremos aceite y con la pasta anterior, puesta en una manga con boquilla, haremos tres planchas de tamaño rectangular. Si es preciso alisaremos el merengue con un cuchillo. Estas planchas las haremos al horno. Ya hechas, las retiraremos con cuidado del papel y procederemos a hacer la crema con el otro cuarto de kilo de azúcar, al que añadiremos el agua y un poco de vainilla, haciendo con todo ello un almíbar que nos quedará a punto de hebra fuerte. Fuera del calor le incorporaremos las 3 yemas de huevo, bien batidas y uniremos todo muy bien, añadiéndole la mantequilla en varias veces y siempre trabajando mucho. Este compuesto lo dejaremos en el frigorífico al objeto de que espese por efecto del frío.

Cubriremos una de las planchas de merengue con una capa de esta crema y despues otra plancha de merengue y así otra hasta terminar, e intercalando un poco de azúcar glas. La crema que nos quede la pondremos en una manga con boquilla rizada y adornaremos el pastel con ella.

349. Pastel vasco

Ingredientes (4 personas) para la pasta:

¼ kilo de harina muy fina
225 gramos de azúcar
½ vaso de vino de ron
1 cucharada sopera llena de raspadura de piel de limón
Un huevo crudo
1 cucharadita de café llena de levadura en polvo
1 vaso de vino lleno de leche.

Ingredientes para la crema:

1 ½ litros de leche
1 poco de vainilla
3 yemas de huevo crudo
100 gramos de azúcar
1 copita de licor llena de kirsch
50 gramos de harina.

Haremos primero la pasta uniendo sus ingredientes y trabajándola bien. La dejaremos tapada unas 2/3 horas, en lugar templado.

Con el resto de los ingredientes prepararemos la crema, poniendo parte de la leche al fuego, disolviendo la harina en el resto de la leche, echándole el agua, el licor y un poco de vainilla y trabajando sobre el fuego y con cuidado, pues se corta fácilmente. Fuera del calor le incorporaremos las yemas de huevo bien batidas.

En una lata o placa untada de grasa, colocaremos un aro de pastelería y lo forraremos con la pasta hecha primeramente, y que tendrá un centímetro de espesor, rellenaremos con la crema ya fría y por encima de la crema formaremos un enrejado con tiras finas de la misma masa. Coceremos a horno regular espolvoreándolo antes con el azúcar glas. Una vez cocido el pastel, retiraremos el aro y dejaremos enfriar, colocándolo en una fuente.

350. Capuchinas

Ingredientes para 4 personas:

18 yemas de huevo
1 cucharadita de café llena de
fécula de patata
Almíbar
1 vasito de vino lleno de licor
Grand Marnier
100 gramos de mantequilla
derretida con azúcar o merengue
Pasteles sueltos para el adorno

Ingredientes:

200 gramos de azúcar
2 vasos de vino llenos de agua
1 ½ copas de licor llenas de coñac.

En un utensilio hondo, untado con mantequilla batiremos las yemas; una vez que estén bien esponjosas, añadiremos la fécula y taparemos bien. Este recipiente lo haremos cocer con agua al fuego, o sea, que lo pondremos al baño maría. El fuego será vivo, durante diez minutos. Retiraremos la capuchina del molde y la cubriremos con el almíbar y el licor Grand Marnier. Terminaremos su preparación con la mantequilla o merengue y los pasteles.

Cómo se hace el almíbar:

Herviremos el azúcar en el agua por espacio de unos 8/10 minutos y al final le añadiremos el coñac; en lugar de coñac se puede utilizar ron o licor Kirsch

351. Concha

Ingredientes para 4 personas:

3 cucharadas soperas llenas de
harina
5 cucharadas soperas llenas de
azúcar
5 huevos crudos
½ litro de leche
20 bizcochos
150 gramos de fruta escarchada.

Separaremos las yemas de las claras de los huevos, y batiremos las yemas fuertemente con el azúcar y la harina, añadiremos la fruta escarchada cortada a trocitos y la leche, y pondremos esto al fuego, en un pote y removiendo siempre sin parar, hasta formar una crema espesa.

Prepararemos una fuente de horno bonita y la llenaremos con los bizcochos vertiendo en ella la crema anterior. Batiremos las claras a punto de nieve y las incorporaremos al pastel, que meteremos en el horno, hasta que las claras estén bien doradas.

Aconsejamos preparar este postre el día anterior.

Lo serviremos sin desmoldar, o sea en el mismo recipiente en que lo hicimos.

352. Pastis landés
(cocina vasco-francesa)

Con parte de la harina (dejaremos un poco), la leche, los huevos y un poco de sal, formaremos una masa que dejaremos reposar 2/3 horas.

Pasado este tiempo le incorporaremos casi toda la mantequilla pero en varias veces, poco a poco, y trabajándola y uniéndole más harina, hasta que con las manos podamos doblarla sobre sí misma en tres partes.

Reposará ahora 30 minutos y después de esto partiremos la pasta en dos unidades extendiendo cada mitad con el rodillo.

Untaremos un molde más bien plano con un poco de la mantequilla y pondremos sobre él una de las unidades de pasta, encima las ciruelas pasas (bien remojadas) y unos trocitos de mantequilla, cubriendo con la otra mitad de pasta, rociando con la flor de naranjo y la copa de aguardiente.

Meteremos el molde al horno unos 15/20 minutos hasta que esté hecho el pastel.

353. Mascota

Empezaremos por hacer el bizcocho batiendo muy bien los huevos y añadiéndoles el azúcar hasta obtener una pasta muy unida, momento en que incorporaremos la harina, que uniremos bien pero sin batir.

Con la cucharada de mantequilla engrasaremos un molde y en él verteremos la pasta de bizcocho, que coceremos a horno flojo de 25 a 35 minutos.

Una vez hecho y frío lo partiremos por la mitad, y lo rociaremos (la parte de abajo) con un almíbar ligero hecho con agua y azúcar y al que habremos echado la copa de coñac. Pondremos la capa de bizcocho y cubriremos ésta con la crema compuesta, que se hace batiendo la mante-

Ingredientes para la crema:

150 gramos de mantequilla
75 gramos de azúcar glas
1 yema de huevo crudo
1 copa de licor llena de coñac
Agua y azúcar para el almíbar.

Ingredientes para el adorno:

50 gramos de azúcar glas
120 gramos de almendras
tostadas.

Ingredientes para 3 personas:
Ingredientes para el talo:

200 gramos de almendras
reducidas a polvo
6 huevos crudos
75 gramos de harina
¼ de kilo de azúcar
1 limón
1 cucharada sopera llena de
mantequilla
¼ de litro de almíbar
1 copa de licor llena de coñac
2 cucharadas soperas llenas de
azúcar.

Ingredientes para el adorno:

4 cucharadas soperas llenas de
azúcar
3 claras de huevo crudo.

quilla (blanda) con el azúcar glas y añadiendo un poco de almíbar (hecho con el agua y azúcar). Una vez casi terminada le crema le incorporaremos la yema de huevo y la copa de coñac.

Encima de ésta crema irán las almendras peladas y cortadas en forma alargada. Por último espolvorearemos con el azúcar glas.

354. Talos de Vitoria

Haremos en primer lugar los talos batiendo muy bien los huevos junto con el cuarto de kilo de azúcar y, en el momento que veamos que forma relieve al batir con el tenedor, le incorporaremos las almendras molidas o en polvo, un poco de raspadura del limón y la harina. Uniendo todo perfectamente.

Esta mezcla o pasta la echaremos en tres moldes en cuyo fondo habremos puesto un papel blanco engrasado con mantequilla.

Los coceremos a horno regular unos 30 minutos. Ya hechos los retiraremos del horno y emborracharemos con el almíbar, al que habremos agregado la copa de coñac. En su superficie trazaremos unas líneas con azúcar que formen cuadros y este azúcar lo quemaremos con un hierro candente.

Con las claras de huevo y el azúcar batiremos un merengue que pondremos sobre cada uno de los talos, por medio de una manga pastelera provista de boquilla rizada. También este merengue puede ir en la fuente de servir los talos en vez de por encima de éstos.

355. Tartaletas bilbaínas

Ingredientes para 4 personas:

½ kilo de pasta de hojaldre
200 gramos de almendras tostadas
reducidas a polvo
2 huevos crudos
¼ de kilo de azúcar
6 claras de huevos crudos
Un poco de vainilla
2 cucharadas soperas llenas de
harina
2 cucharadas soperas llenas de
manteca de cerdo
100 gramos de almendras tostadas
peladas y cortadas a tiras
200 gramos de mermelada de
batata.

Mezclaremos bien los huevos con las almendras reducidas a polvo, y les añadiremos el azúcar y un poco de vainilla, incorporaremos la harina y por último las claras batidas a punto de nieve firme. Al unir las claras al resto lo haremos poco a poco, y sin dejar de batir.

Con la manteca untaremos dos moldes más bien grandes que rellenaremos con la pasta de hojaldre, muy fina, echando sobre ella la pasta preparada anteriormente, y meteremos las tartaletas al horno.

Una vez hechas las cubriremos con la mermelada de batata.

356. Natillas

Ingredientes para 5 personas:

10 yemas de huevos crudos
6 cucharadas soperas llenas de
azúcar
½ litro de leche
Un poco de vainilla
Un poco de canela en polvo.

Batiremos en un pote las yemas de huevo junto con el azúcar y le agregaremos la leche, previamente hervida y fría, y la vainilla. Uniremos bien y pondremos este pote a hervir al baño maría, batiendo siempre su contenido y hacia el mismo lado para que no se corte, lo cual puede ocurrir fácilmente.

Así que notemos que espesa lo retiraremos a un lado del calor, seguiremos batiendo un buen rato y lo verteremos en una fuente, cubriendo las natillas con canela.

Las natillas podemos aromatizarlas con limón, naranja o canela en rama, poniendo un poco de lo citado en la leche cuando hierve.

357. Manzanas rellenas a la bilbaína

Ingredientes para 4 personas:

8 manzanas medianas
¼ kilo de nata

Prepararemos las manzanas bien limpias, con piel y enteras pero quitándoles el corazón, y las pondremos en una fuente de horno, asándolas en éste durante un cuarto

8 guindas confitadas
1 taza de desayuno llena de natillas [1]
1 vaso de vino lleno de vino blanco
3 cucharadas soperas llenas de azúcar.

de hora. Cuando empiecen a tomar color, les añadiremos el azúcar y el vino blanco, cociéndolas otro cuarto de hora más en el horno.

Antes de servirlas, cuando estén frías, las rellenaremos el hueco del centro con natillas más bien espesas. Las adornaremos con la nata y las guindas confitadas.

[1] Para hacer las natillas, consultar este mismo Capítulo, receta número 356.

358. Manzanas asadas a la vizcaína

Ingredientes para 4 personas:

8 manzanas
1 vaso de vino lleno de vino tinto
1 vaso de vino lleno de agua
Un poco de canela en polvo
2 cucharadas soperas llenas de azúcar.

Enteras, frotadas con un paño y con piel las manzanas, les quitaremos el corazón con el aparatito especial y las colocaremos en una fuente de horno (de barro) echándoles un poco de azúcar y el agua.

A medio asar las rociaremos con el vino y añadiremos canela y el resto del azúcar.

Fuera del calor y ya hechas, las serviremos cubiertas con su propio jugo.

359. Compota de manzanas

Ingredientes para 6 personas:

1 kilo de manzanas carnosas
1 litro de agua
2 tazas de desayuno llenas de azúcar
Un poco de canela en rama
Un poco de canela en polvo
El zumo de 1 limón.

Cortaremos las manzanas en dos unidades cada una y les quitaremos el corazón y pepitas, procediendo a pelarlas y partiéndolas, entonces, por la mitad otra vez, procurando que queden de igual tamaño.

Pondremos a hervir en un pote al fuego el agua, añadiéndole el azúcar y la canela en rama y cociendo en ello las manzanas. Cuando hayan reducido el agua a menos de su mitad inicial, le incorporaremos el zumo del limón colado.

Serviremos la compota en compotera y bien espolvoreada de canela en polvo.

360. Peras al horno

Ingredientes para 4 personas:

*4 peras grandes
1 taza de desayuno llena de azúcar
1 vaso de agua lleno de vino blanco dulce.*

Frotaremos bien las peras, sin lavar, con un paño y las colocaremos en cazuelas pequeñas individuales (sin pelarlas), espolvoreándolas con el azúcar.

Las haremos un rato al horno moderado, regándolas con el vino y las dejaremos que terminen su cocción. Las peras quedarán blandas y con buen color.

Se comen frías o calientes, según agraden más.

361. Peras con mantequilla

Ingredientes para 4 personas:

*1 kilo de peras
50 gramos de mantequilla
100 gramos de azúcar.*

Escogeremos preferentemente peras de invierno, que sean duras, las lavaremos y pelaremos, poniéndolas en una fuente de horno y añadiendo la mantequilla a trozos.

Las espolvorearemos con el azúcar y asaremos a horno suave hasta que estén muy tiernas y jugosas.

362. Zurracapote

Ingredientes para 4 personas:

*½ litro de buen vino tinto
½ litro de agua
250 gramos de ciruelas claudias pasas
250 gramos de orejones
1 palito de canela en rama
La corteza de ½ limón
200 gramos de azúcar.*

Pondremos a remojo, en agua fría, las ciruelas y los orejones, por espacio de un tiempo no inferior a las 4 horas.

En cazuela aparte, sobre el fuego, echaremos el medio litro de agua, el vino, el azúcar, el palito de canela y la corteza de limón. Cuando esto rompa a hervir añadiremos las ciruelas y los orejones, bien escurridos de su remojo. Estas frutas hervirán unos 15/20 minutos.

Lo serviremos a continuación y caliente.

363. Helado de avellana

Ingredientes:

*¼ de kilo de avellanas naturales peladas
¼ de kilo de azúcar
2 claras de huevo
1 litro de leche
4 yemas de huevo
1 vaso de agua lleno de agua.*

Escaldaremos las avellanas en el agua hirviendo y las quitaremos la piel, separando unos 50 gramos, que tostaremos en el horno; el resto las machacaremos en el mortero hasta formar una pasta fina, a la que añadiremos el azúcar y desleiremos poco a poco con la leche hirviendo.

Batiremos las yemas y las claras y las incorporaremos poco a poco a la mezcla anterior, acercándola al fuego suave para hacer una crema, sin que llegue a hervir.

Cuando la crema esté hecha, la dejaremos enfriar y la pondremos en la heladora eléctrica. También podemos hacerla en cubeta, dentro del congelador, pero nunca resultará igual; de todas formas, aconsejamos que en tal caso, cuando el helado haya adquirido cierta dureza, lo echemos en la batidora y después de darle unas vueltas, con las cuales adquirirá suavidad, lo volveremos a la cubeta y conservaremos en el congelador algo más de tiempo, no demasiado, de todas formas, pues podría endurecerse excesivamente y esto no conviene a este tipo de helado.

364. Helado de chocolate

Ingredientes:

½ litro de leche
3 yemas crudas
100 gramos de chocolate crudo
2 claras de huevo crudos
300 gramos de nata
150 gramos de azúcar
2 cucharadas soperas llenas de azúcar glas.

Uniremos bien en un recipiente el azúcar, las yemas y el chocolate rallado, mezclando perfectamente todo y añadiendo la leche previamente hervida, y fría. Lo arrimaremos a fuego suave y dejaremos que empiece a espesar, sin que llegue a hervir, dándole vueltas con la cuchara de palo. Lo retiraremos y que se enfríe; cuando lo esté por completo, lo echaremos en la heladora. Así que comience a helarse lo sacaremos de la heladora y añadiremos las dos claras batidas a punto de nieve fuerte, junto con una cucharada de azúcar glas, tornándolo de nuevo a la heladora y dejándolo en ella hasta que lo veamos muy consistente.

Lo serviremos adornando con la nata bien batida, con el resto del azúcar glas.

365. Mamiya

Ingredientes para 4 personas:

1 litro de leche de oveja recién ordeñada
2 limones
100 gramos de azúcar.

La mamiya, conocida así en todo el País Vasco y con el nombre de gaztambera en Navarra, no es otra cosa que la cuajada que se utiliza para empezar la fabricación del queso casero en muchos pueblos de España.

Dispondremos de 4 cuencos, «kaikus» dicen los vascos, de madera y en ellos repartiremos la leche de oveja echándole un poco, en cada uno, de zumo de limón al efecto de que este ácido, o fermento, separe el suero, cuajando la otra parte, o sea, formándose la mamiya.

Se comerá esta mamiya cubierta con abundante azúcar.

INDICE DE RECETAS

CAPITULO IV.—**Varios**

CAPITULO V.—**Huevos**

CAPITULO XI.—Aves y caza

CAPITULO XII.—Postres